경매,
1년에 단 한 건만
성공해도
월세보다 낫다

경매,
1년에 단 한 건만
성공해도
월세보다 낫다

이명재 지음

나비의 활주로

단돈 100만 원만 있어도
경매에 성공할 수 있다!

경매를 하려면 돈이 얼마나 필요할까? 5,000만 원 아니면 1억 원?

그렇지 않다. 500만 원으로도 가능하다. 물론 큰 금액을 투자하면 더 많은 이익을 얻을 수 있다. 하지만 자본보다 중요한 건 경매를 대하는 마인드이다. 큰 금액 없이 500만 원 아니, 100만 원만 있어도 가능하다는 사실을 아는 것이다. 지금도 500만 원 이하의 경매물건은 수천 건 이상 존재하며, 이 중 수익을 낼 수 있는 물건도 많이 있다. 단지, 찾는 방법과 수익을 낼 수 있는 방법을 모르기 때문에 불가능하게 느낄 뿐이다.

필자는 경매를 하기 위해 수많은 관련 서적을 독파하고, 서울과 대전을 오가며 주말마다 무료공개 강의부터 몇 만 원, 몇 십만 원 심지어 백만 원이 넘는 경매강의를 찾아다녔다. 시간을 맞출 수만 있다면 어떻게 해서라도 듣기 위하여 애쓰곤 했다. 인터넷 강의도 제법 많이 들었다. 경매공부를 하는 김에 공인중개사 자격증까지 취득하면 더 좋지 않을까 싶어 직장생활을 하며 열심히 공부해서 공인중개사 자격증도 취득했다.

그렇게 몇 년간 정신없이 공부했지만 정작 입찰서는 한 번도 제출해 보지 못했다. 알고 있는 사항도 공부한 내용도, 막상 직접 입찰하려니 모든 게 불안하기만 했기 때문이다. 물건은 제대로 검색한 건지, 권리분석은 맞게 했는지, 혹시 내가 모르는 함정은 있지 않은지, 그 많은 이론 지식도 입찰하려고 마음만 먹으면 모든 게 막막했다. 경매물건 소재지에 거주하는 사람을 만나는 것도 무서워서 초인종도 못 누르고 그냥 돌아오곤 했다. 왠지 나를 불청객 취급하면서 막 뭐라고 하지는 않을까 싶어 지레 겁을 먹었던 것이다. 시세파악을 위하여 중개업소에 방문하기도 어렵긴 마찬가지였다.

그 중에서도 가장 큰 고민은 역시나 자본금이었다. 경매에 입문하려면 자본금이 많이 필요한 줄 알았다. 직장생활을 하며 몇 년간 모은 적금 정도로 과연 가능할지 의구심이 들었다. 특히나 적은 금액으로 토지투자는 불가능하다 여겼으며, 주거용 건물도 몇천만 원은 있어야 할 줄 알았다.

그렇게 하염없이 시간만 보내고 있을 때 경매 전문가 한 분을 알게 되어 그분의 조언으로 본격적으로 실전에 뛰어들게 되었다. 이 분은 필자에게 용기를 주었고 당신의 지식과 경험도 아낌없이 전해주었다. 또한 단 돈 100만 원, 1,000만 원으로도 경매를 시작할 수 있다는 믿음을 갖게 해주었다.

물론 여러분도 가능하다. 아주 적은 금액으로도 경매에 입문할 수 있다. 여기에 나온 사례 외에도 1,000만 원도 안 되는 돈으로 수익을 낸 물건이 많다. 지금도 이런 물건을 얼마든지 찾을 수 있다. 자본금이 별로 없거나 경매 경험이 없다면 먼저 적은 금액으로 주변의 물건부터 시작해 보자. 이후에 충분한 경험을 쌓고 자본금도 늘어나면 더 큰 물건에, 더 수익이 많이 날 수 있는 물건에 도전하라. 그러기 위해선 제대로 된 공부와 꾸준한 노력이 뒤따라야 한다는 사실을 명심하기 바란다.

여러 채의 집을 갖고 월세를 받는 생활도 괜찮지만, 1년에 한 건만 제대로 된 투자를 해도 월세를 받는 효과를 누릴 수 있는 것이 경매이다. 또한 투하된 자본에 상관없이 100만 원의 수익을 내는데 드는 시간이나, 1,000만 원의 수익을 내는데 걸리는 시간이나 큰 차이가 없으며, 혼자서도 충분히 가능한 것도 경매이다. 이 얼마나 멋진 사업인가. 당신도 경매를 통해 부자로 향하는 지름길로 들어서기 바란다.

마지막으로 항상 아들의 건강을 바라시는 어머니, 물심양면으로 많은 도움을 주신 장인, 장모님, 사랑과 믿음으로 남편과 아빠를 응원해준 아내와 아이들, 많은 격려로 힘이 되어준 형제들에게 고마움을 전한다. 경매의 길로 들어서는 데 큰 힘이 되어주신 고영상 형님, 뜨거운 응원을 보내주신 〈메이저경매〉 회원분들, 곁에서 많은 지지를 보내준 대전부동산공부방의 정예멤버들, 필자의 얘기가 출간으로 이어지는데 흔쾌히 응해주신 도서출판 나비의활주로 나성원 대표님과 편집자 유지은 님 등 모든 분들께 감사드린다.

이명재

CONTENTS

PART

1

AUCTION

경매,
1년에 단 한 건만
성공해도
월세보다 낫다

1

내가 재테크로
경매를 선택한 이유

필자는 대학 재학 당시 장사를 시작했다. 여러 사정이 있어 남들보다 조금 일찍 경제활동에 뛰어든 셈이다. 지금은 시장에서 장사하는 젊은 사람들이 많지만, 당시엔 스무 살 청년이 시장에서 장사하는 것은 거의 볼 수 없었다.

새벽 두세 시에 일어나 졸린 눈을 비비며 무거운 몸을 이끌고 장사하러 나가서는 장사를 끝내고 학교에 가서 공부하고 집에 돌아오면 말 그대로 파김치가 되어버리곤 했다. 피곤하고 힘들긴 했었지만 기분은 좋았다. 장사해서 번 돈으로 학비도 다 충당할 수 있었고 용돈도 썼을 정도로 그 당시 나이로는 제법 많이 벌었기 때문이다.

그렇게 몇 년간은 정말 돈벌이가 괜찮았다. 그러기를 어언 8년 여가 지나자 장사가 싫어지기 시작했다. 아니, 엄밀히 말하면 어려워지기 시작한 것이다. 김치냉장고의 출현 때문이었다. 이 새로운 가전제품의 등

장은 농수산물 소비 감소현상을 유발했다. 한 번 구매하면 보관 시간이 길어져 자주 구매할 필요도, 부패해서 버리고 다시 장만할 필요도 없어졌기 때문이다. 그러나 정작 어려워진 가장 주된 원인은 이 시기에 우후죽순처럼 생겨난 대형마트와 김치공장이었다. 지금이야 워낙 흔한 유통기관이지만 그 당시에는 돈벌이가 된다는 소문에 대형마트며 김치공장이 하루가 멀다 하고 생기곤 했다. 이들은 나의 주된 고객이었다. 한 번에 많은 양을 구매하긴 했지만 가격을 무척 저렴하게(때로는 원가 이하로) 매입해갔다.

이때부터 생겨난 게 외상제도였다. 그전까지는 무조건 현찰 거래였다. 거래금액이 크던, 작던 물건을 가져감과 동시에 현금을 지불하는 것이 관행이었다. 그런데 대형마트나 김치공장이 대량 물량과 큰 금액의 거래로 이루어지다 보니 새로운 판로를 찾던 도매인들은 외상이라도 물건을 팔기에 바빴다.

이런 식의 거래는 결국 제 살 깎아 먹기에 이르렀다. 외상으로 물건을 가져가는 사람은 대형마트나 김치공장 외에도 일반 소매점을 비롯하여 동네 슈퍼까지 점점 늘어났고, 급기야 여기저기서 사고가 터지기 시작했다. 김치공장 서로 간, 대형마트 서로 간 경쟁으로 부도가 나는 업체가 많아진 것이다. 수천 만 원에서 수억 원에 이르는 외상값을 안 갚고 도피하는 사람들이 하나둘씩 생기기 시작했고, 그 여파로 중간도매인도 물건값을 갚지 못해 도피하는 도미노 현상이 일어났다. 당시 필자 또한 한 군데가 아니라 여러 거래처의 외상 금액을 합쳐보니 그 금액이 꽤 되었다. 결국 외상값 받기를 포기한 채 장사를 접기로 했다.

장사를 그만둔 후 다른 사업 아이템을 계속 찾아다녔다. 오래전에 생각했던 아이디어로 사업화를 한 사람들이 있어서 자연스레 그쪽으로 눈길이 갔다. 바로 '운동화 빨래방'이었다. 수 년 전에 벌써 내가 생각한 아이디어로 체인 사업을 하고 있으니 당연히 나도 할 수 있겠구나 싶어 크게 고민하지 않고 바로 실전에 뛰어들었다.

하지만 창업 후 몇 개월이 지나니 생각과 현실은 많이 달랐다. 처음 시작할 때는 양이 별로 안 되어 수거, 세척, 배달까지 했다. 일하는데 시간이 오래 걸렸지만 혼자 감당할 수 있었다. 그런데 시간이 흘러 사업이 자리를 잡아갈수록 매출이 조금씩 늘었지만 그럴수록 기름값도 더 들었고, 더불어 세제값, 전기료, 물값 등이 고스란히 늘어났다. 더욱이 나의 노동시간도 늘어났고 피로감은 배가 됐다. 혼자서는 일이 감당 안 되고 직원을 쓰자니 당장 월급 줄 형편은 못되었다. 그러다보니 이 사업을 계속 해야 할지 고민이 되었다.

한 동안 고민만 하다가 쉬는 날에 다른 빨래방들을 찾아 다녔다. 그분들은 어떻게 영업하며 애로사항은 무엇인지, 수입은 얼마나 되는지, 어떻게 하면 좀 더 효율적으로 일할 수 있는지 등 닥치는 대로 물어보곤 했다. 그런데 역시나 찾아가 본 곳 열에 열, 모두 운동화 빨래는 부업이 되어버렸고, 적은 매출을 메우기 위해 겸업으로 시작한 세탁소가 전업으로 바뀌어 있었다. 운동화 빨래로는 돈도 별로 안 되고, 힘이 들어 자연스럽게 세탁소로 전향한 것이었다. 여러 사장님을 만나러 다니며 얻은 결론은 결국 폐업이었다. 개업한 지 몇 개월도 지나지 않았던 시점이었다.

'아! 이 사업은 역시 아니구나….'

운동화 빨래방은 결국 필자가 꿈꿔오던 그런 사업이 아니었던 것이다. 매출을 늘리기 위해서 내 노동력이 더 필요해지는 것까진 그렇다 하더라도 재료비가 상승하는 것이 맘에 들지 않았기 때문이다.

이즈음부터 '경매'에 관심을 두기 시작했다. 경매는 큰돈을 벌던 적은 돈을 벌던 소모되는 추가비용이 딱히 증가하지 않는다. 게다가 1,000만 원짜리 물건을 처리하나 1억 원짜리 물건을 처리하나 시간과 노동력은 거의 비슷하다. 몇억짜리 물건도 마찬가지이니 필자가 생각하는 사업과 딱 일치하는 것이 경매였던 것이다.

이때부터 경매공부에 몰입하기 시작했다. 경매라는 단어가 들어간 책은 모두 사서 읽기 시작했고, 경매강의가 열린다 하면 대전서 서울까지 무작정 올라가 들어보았다. 어느새 몇 년의 시간이 흘렀고 책장 하나 가득 경매 관련 서적으로 채울 무렵,'나도 입찰을 해보고 싶다'는 마음이 간절해지기 시작했다.

1,000만 원으론 안 되지만 100만 원으론 되는 것

"자기 무슨 걱정 있어요?"

"아니? 괜찮은데? 왜, 이상해 보여?"

"예, 무슨 고민 있는 사람 같아요. 말도 없고, 표정도 밝지 않은 게…."

"…."

"실은 말이야, 나 경매가 너무 하고 싶은데, 자기에게 말하기가 너무 미안해서…몇 년 동안 열심히 모은 돈인데, 또 내가 갖다 쓰는 것 같아서."

"그게, 무슨 걱정이라고… 어차피 우리 잘살자고 해본다는 거잖아요. 그럼 하면 되지 미안하긴요."

그 당시에는 큰돈이었는데도 부인은 흔쾌히 통장을 내밀며 잘 해보라며 응원해주었다. 정말이지 지금 생각해도 너무 고마울 따름이다.

직장생활을 하며 경매공부를 한 지 수년, 사업에 실패한 여파로 여

윳돈이 없었지만 경매는 정말 하고 싶었다. 그러나 무슨 일이든 첫 걸음이 어렵다고 필자는 그 첫 입찰을 하는 데만 오랜 시간을 흘려보냈다. 어렵게 만든 보증금을 날릴지도 모른다는 생각, 나의 분석이 맞는지, 시세는 제대로 파악한 것인지 원하는 이익을 얻을 수 있을지도 의문이었다. 그런 마음으로 시간을 보내고 있을 때 즈음 한 달에 30만 원씩 들었던 적금이 3년 만기가 되어 1,000만 원이 되었다. 이 돈으로 경매를 하고 싶었다. 사업으로 빚만 안겨주었던 필자는 경매는 간절히 하고 싶었지만 부인에게 말할 용기가 나지 않던 차에 부인은 나의 꿈에 흔쾌히 동의해준 것이다.

부인의 지원과 응원을 받고, 바로 여러 사람을 만나러 다녔다. 공부를 시작하며 경매관련 카페에 가입하며 오프라인 모임으로 인연이 된 분들은 물론이었고, 강의를 들으며 친해진 분들, 공인중개사시험을 준비하며 알게 된 부동산 전문가까지 몇 년 동안 자연스럽게 친해진 분들에게 경매를 어떻게 시작해야 하는지 자문을 구하고 다녔다. 1,000만 원으로 경매를 하려면 어떻게 해야 하는지, 어떤 물건을 해야 하는지 말이다. 그런데 사람들은 같은 물건에 대해서도 다른 시각으로 보듯이 경매에 대한 견해도 전혀 달랐다.

"1,000만 원 정도로 경매할 수 있을까요?"

"1,000만 원 정도에 경매로 투자할 만한 땅이 있을까요?"

이렇게 질문하면 대다수는 다음과 같이 답했다.

"1,000만 원으로 수익을 낼 수 있는 물건이 과연 있을까?"

"1,000만 원 정도로 무슨 땅 투자냐, 쉽지 않지."

'까먹은 돈도 있고, 1,000만 원 모으는 것도 쉬운 일이 아닌데, 그 돈으로도 투자하기 어렵다니 어떻게 해야 하지?'

'그럼, 돈은 얼마나 더 모아야 할까?'

이렇듯 별의별 심란한 생각이 들었고, 한동안 풀이 죽어 지냈다. 그렇게 힘없이 지내고 있었는데, 이전분들과 다르게 말씀하시는 한 분을 만났다.

"당연히 1,000만 원으로 경매할 수 있지. 100만 원으로도 얼마든지 가능하고. 그 돈으로도 할 수 있는 물건은 많아, 돈이 되는 물건을 찾지 못할 뿐이지."

이런 견해를 가지고 계셨다. 이 말을 들었던 당시, 경매에 대한 기대감으로 흥분이 되고 어찌나 기쁘던지 아직도 그때의 기분을 잊지 못한다. 그분 덕분에 경매를 시작할 수 있는 용기가 생겼고, 결국 직장생활을 하며 실전경매에 입문하게 되었다. 지금 생각하면 아주 기초적이고 사소한 질문이지만 당시 그분께서는 얼굴하나 찌푸리지 않으며 성심성의껏 답변해 주셨다. 필자가 무안함을 느끼지 않도록 많은 배려를 해주셨던 것이다.

그 후 여러 번의 도전 끝에 처음으로 낙찰을 받았고, 당연히 1,000만 원도 안 들었으며 꽤 괜찮은 수익을 내었다. 그 후로도, 170만 원, 500

만 원, 800만 원 등, 1,000만 원도 안 되는 돈으로 낙찰받고 수익을 올린 경우가 제법 많다.

'100만 원으로도 가능하다. 경매이기 때문에….'

일반 매매로는 불가능해도 경매이기 때문에 100만 원으로도 투자가 가능하다. 이것이 경매의 최대 장점이다.

월세 받는 집이 많을수록
진짜 좋기만 할까

저금리의 영향으로 많은 사람들이 은행이자만으로는 생활이 불가능하다는 사실을 체감하고 있다. 그래서 다른 재테크를 고민한다. 쉽게 나오는 대안은 역시 주식과 부동산 투자이다. 아무래도 주식보다는 부동산 투자가 안정적으로 여겨지다 보니 주로 부동산 투자를 선택한다. 특히 '노후에 월세 받으며 편하게 사는 것'이 좋다며 많이들 선호한다. 일반 매매로도 임대용 주택을 매수하지만, 경매로도 많이 찾는 편이다.

'월세가 나오는 주택을 많이 소유해서 편안한 노후생활을 보낸다?' 나이 들어 통장으로 따박따박 들어오는 돈으로 편안한 생활을 하며 여유 있는 생활을 즐긴다니, 정말 근사한 이야기다. 그런데 많은 주택을 소유하는 것이 과연 좋기만 할까?

세상의 모든 일에는 양면이 존재한다. 양이 있으면 음이 있고, 해가 있으면 달이 있고, 불이 있으면 물이, 장점이 있으면 단점이 있게 마련이다. 세상의 어떤 것도 장점만 있다든지, 단점만을 가진 것은 없다. 온전히 좋은 것만은 없다는 이야기다. 많은 집을 소유하고 월세받는 생활은 정말 환상적인 일 같다. 그러나 그 이면에는 많은 조건이 전제되어야 한다.

우선 월세가 밀리지 않고 제때 들어와야 한다. 보증금을 돌려받지 못해 고생하는 세입자들도 있지만, 월세를 제때 지불하지 않아 골치 아파 하는 집주인도 굉장히 많다. 더불어 주택 관리도 쉽지 않다. 그나마 1채의 다가구주택이나, 다세대주택은 몇 가구, 몇 세대가 한 건물에 거주하니 관리가 수월한 편이다. 하지만 여기저기 지방 곳곳에 적은 돈으로 월세 받는 투자가 가능하다며 문어발식으로 주택을 소유한 경우라면 관리도 쉬운 일은 아니다.

본인이 관리하면 그나마 다행이지만 사정이 여의치 않아 관리업체에 맡기는 경우엔 조심해야 한다. 대부분의 업체는 성실히 관리하지만 간혹 사기를 치는 곳도 있기 때문이다. 이들은 집 주인이 거리와 시간 때문에 쉽게 방문하지 못하는 점을 악용하여 보증금을 편취한다거나, 수리비를 과다청구하는 등 소유자를 곤혹스럽게 한다.

마지막으로 공실문제도 늘 고려해야 한다. 일단 집만 가지고 있으면 언제고 세입자를 구할 수 있다고 생각하기 쉽지만 그렇지 않다. 지금도 공실이 많아서 고생하는 사람이 많다. 대출을 이용하여 주택이나 상가를 구입했다면 공실 기간 동안 대출 이자는 물론이거니와 임차인이 입주하기 전까지 관리비도 대신 납부해야 하니 이중 부담이 될 수도 있다.

이런 이유로 필자는 세를 받는 부동산을 많이 소유하지 않는 편이다. 정말 적은 금액을 투자해 많은 월세 수익이 발생한다든지, 입지가 워낙 좋아 월세 수입뿐만 아니라 시세상승도 가능한 곳, 필자의 주거지와 근거리에 위치한 부동산만을 골라 보유하고 있다. 금리대비 월세의 수익률이 좋다 하더라도 시세상승의 여력이 없다면 과감히 매도하는 편이다.

경매로 1~2000만 원만 투자해서 1년에 한 건만 처리해도 월세수입보다 나으니 굳이 세 수입을 위한 부동산을 많이 소유하려 애쓰지 말자. 주택의 경우는 웬만하면 6개월 이내에 낙찰부터 매도까지 가능하다. 필자는 3개월 이내에 매도한 경우가 대부분이다. 그러니, 굳이 주택을 많이 소유하려 하지 말고 수익률이 뛰어나게 좋은 주택 몇 가구만 보유하고 경매로 1년에 한두 건씩 제대로 된 수익을 올리며 자본금을 불려나가는 것이 더 현명한 방법이 아닐까?

경매는 남의 재산을
뺏는 것이 아니다

'경매로 집을 사면 재수가 없다.'

'망한 사람의 집을 뺏는 것 같다.'

지금은 경매에 대한 인식이 많이 바뀌었지만 이렇게 생각하는 분들이 아직도 있다. 경매에 입문할 때 역시 사람을 상대하는 일이 가장 부담스럽긴 하다. 경매물건지에서 생활하는 거주자를 만나는 것을 의미한다. 흔히들 재테크로 경매를 고려하면서도 선뜻 나서지 못하는 이유 중 하나는 '다른 사람의 불행을 나의 수익으로 여긴다'는 잘못된 고정관념 때문이다.

통상 집, 땅, 건물이 경매로 진행되게 된 데에는 여러 이유가 있을 것이다. 그중에서도 부채를 갚지 못해 진행되는 경우가 대부분이다. 여기에는 사업에 실패해서, 생활이 어려워서 등 여러 이유가 있다. 당연히 힘든 현실에 직면한 상황인 것은 맞다. 필자 또한 한 가정의 가장이기에 안타깝고, 애석하게 느껴지기도 한다.

그렇지만 다른 시각으로 한 번 바라보자. 사업에 망한 분, 빚을 못 갚은 분들에게 돈을 빌려준 사람들이 있을 것이다. 부동산 담보 대출은 그 대상이 은행이다. 은행의 돈은 일반 개인들이 아주 적은 금액이지만 초저금리의 이율 이익이라도 얻을 생각에 저축한 사람들의 돈으로 운영된다. 은행에서 이 돈으로 대출을 실행하고, 그 대출이자로 은행의 수익과 고객의 수익으로 돌려주는 것이다.

그런데 빌려줬던 돈이 부실채권으로 변해서 그 값어치가 떨어져 은행에 손실이 생기면 그 손해는 고스란히 은행의 개인 고객에게 돌아오게 된다. 즉, 경매에 부쳐진 부동산은 누군가가 매수해서 채권이 회수되어야 하는 것이며, 계속 유찰되어 채권의 가치가 떨어지면 채권자에게 손해가 된다는 사실이다.

여기서 매수자인 낙찰자는 입찰한 여러 사람 중 그 매각물건에 최고가로 응찰한 사람이다. 경매로 매각된 부동산에 최고가를 씀으로써 가장 많은 채권을 회수할 수 있게 해준 사람인 것이다. 또한 세입자가 있다면 세입자에게 가장 많은 금액을 배당받을 수 있도록 낙찰자가 도와준 것이다.

따라서 경매를 당하는 사람의 사정은 안타깝지만, 경매에 임하는 입장에서는 죄인이 아니라 채권을 조금이라도 더 회수할 수 있게 도와준다는 마음가짐을 갖고 있으면 된다. 서로 돕고 산다는 자세만 있으면 크게 문제 될 건 아무것도 없다.

간혹 전 소유자나 세입자에게 갑질을 하는 낙찰자도 있다. 자신은 적법하게 돈을 지급하고 경매 부동산을 매수한 사람이라는 이유로 거주자에게 함부로 행동하는 것이다. 결코 이런 행동은 바람직하지 못하다. 낙찰자는 그들보다 잘난 것이 아니라 단지 지금의 상황이 조금 더 나은 것이다.

사람은 언제 어디서 어떤 모습으로 다시 만나게 될지 알지 못한다. 낙찰자는 죄인도 아니며, 더욱이 거주자보다 더 잘난 사람도 아니다. 앞서 말했듯 서로 돕는다는 자세로 임하라. 그러다 보면 어떤 사람이 거주하는지 파악하는 현장조사부터, 점유자를 내보내고 주택을 인도받는 명도에 이르기까지 모든 것이 더 수월하게 풀릴 것이다.

5

170만 원 투자하고 얻은
600%의 수익 이야기

매각물건을 검색하다 재미있는 사건을 찾았다. 너무 적은 금액은 검색하지 않았는데, 많이 유찰되어 감정가 대비 저렴한 물건을 검색하다 눈에 띈 것이었다. 물건을 꼼꼼히 파악해보니 돈이 된다 싶었다. 문제는 해당 사건을 발견한 날이 토요일 저녁, 입찰은 이틀 후 월요일이었다. 물건에 대해 조사할 시간이 촉박했다. 더구나 일요일엔 중요한 선약이 있어 조사하기에 충분한 시간은 아니었지만, 토지 소재지인 충남 부여군으로 무작정 달려갔고 입찰을 결정했다.

감정가는 370만 원이고, 5번 유찰되어 최저 매각가격이 약 121만 원이었다. 이렇게 많이 유찰될 때까지 입찰자가 없었으니 그 날도 단독으로 받을 것 같은 생각이 들었다. 그러나 혹시라도 나처럼 모르고 있다가 갑자기 알게 된 사람이 있지 않겠냐는 생각도 들었다.

그래서 현장에 다녀오고 이 물건을 꼭 받고 싶었던 마음에 저 번 회

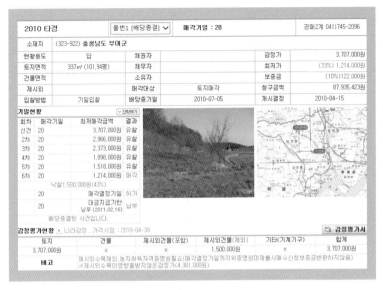

〈감정가 대비 약 32%까지 내려간 매각물건〉

차의 최저매각가격인 151만 원을 넘겨 158만 원에 입찰했다. 30, 40만 원이 문제가 아니라 꼭 낙찰받고 싶었기 때문이다. 결국, 입찰자 2명 중 1등으로 낙찰되었으니 37만 원이나 높여 쓴 보람이 있었다. 단독입찰을 생각하고 최저가격에 입찰했다면 낙찰의 기쁨을 누리지 못했을 것이다.

입찰 보증금 영수증을 받고 돌아서 나올 때의 기분은 마치 전쟁에서 승리한 것처럼 짜릿했다. 이런 과정을 통해 취득세 포함 170만 원도 안 되는 적은 금액으로 약 100평 땅의 소유자가 됐다.

〈감정가 대비 약 32%까지 내려간 매각물건(다음 항공뷰 이미지로 봄)〉

이미지로 본 땅의 모양은 볼품없었다. 100평 남짓한 작은 크기의 토지가 농사짓기도 불편한 모양으로 길게 뻗었으며, 비록 도로와 접하고는 있지만 폭도 좁아 건물을 짓는 것도 불가능했다. 심지어 토지 뒤쪽으로 분묘도 한 기 있다. 토지 투자를 해본 분들은 알겠지만 토지 자체로만 보면 이 토지는 투자가치가 없다.

위의 이미지는 현장사진이다. 왼쪽사진에 묘도 1기 보인다. 나무 사

이 사이에는 비료 포대도 보인다. 비료 포대가 보인다는 얘기는 나무 주인이 관리에 신경 쓰고 있다는 의미이다. 즉 방치된 땅이 아니란 얘기다. 매실나무의 상태가 좋아 필자는 굳이 매도하지 않아도 나쁘지 않다는 생각도 들었다. 나무의 상태가 좋아 최소 10년 이상은 매실을 수확할 수 있으리라 여겼기 때문이다.

감정평가현황 ▸ 나라감정 . 가격시점 : 2010-04-30					감정평가서
토지	건물	제시외건물(포함)	제시외건물(제외)	기타(기계기구)	합계
3,707,000원	x	x	1,500,000원	x	3,707,000원
비고	제시외수목제외,농지취득자격증명원필요(매각결정기일까지위증명원미제출시매수신청보증금반환하지않음) ※제시외수목이영향을받지않은감정가(4,381,000원)				

토지현황					토지이용계획/공시지가	부동산정보 통합열람
	지번	지목	토지이용계획	비교표준지가	면적	단가(㎡당)	감정가격	비고
1		답	생산관리지역	6,450원	337㎡ (101.94평)	11,000원	3,707,000원	제시외수목으로 인한감안감정
기타	가리마을 북동측 인근에 위치 / 주위에는 농경지 단독주택 및 임야 등이 혼재 순수농촌지대 / 인근까지 차량출입 가능 인근에 시내 버스 정류장이 소재 대중교통 여건은 보통 / 부정형의 완경사지 / 북서측 구거와 연계된 노폭 약 1~2m정도의 농로와 접합							

제시외건물현황						
	지번	층별	구조	용도	건물면적	감정가격	매각여부
1		(ㄱ)	매실나무50주 감나무묘목	수목		1,500,000원	매각제외

임차인현황	매각물건명세서상 조사된 임차내역이 없습니다	매각물건명세서	예상배당표

토지 등기 사항 ▸ 토지열람일 : 2010-07-26						등기사항증명서
구분	성립일자	권리종류	권리자	권리금액	상태	비고
갑1	19				이전	협의분할 에 인한 상속
갑2	20		기술신용보증기금	94,191,362원	소멸기준	
갑3	20		신용보증기금	35,732,795원	소멸	
갑4	20		신한은행	359,454,793원	소멸	
갑5	20		외		이전	상속
갑6	20		신한은행	50,000,000원	소멸	
갑7	20		기술신용보증기금	청구: 87,935,423원	소멸	
갑8	20		대전광역시서구		소멸	

〈매각물건의 감정평가 내역〉

채무자가 빚을 갚지 못하면 채권자가 법원에 채무자 소유의 부동산에 경매를 신청하여 돈을 회수하려 한다. 경매 신청이 접수되면 법원에서는 해당 부동산의 최초 매각가격을 정하기 위하여 감정평가회사에 감정을 의뢰하게 되는데, 만약 해당 부동산에 소유자가 불분명한 건축물이나 수목 등이 있으면 매각할 수 없으므로 제시 외 목록으로 분류하고 매각에서 제외한다.

29페이지 이미지의 토지현황을 보면 토지는 감정평가액이 약 438만 원이고, 매실나무 75그루는 150만 원이다. 전체 가격은 600만 원에 가깝다. 그러나 이 물건도 법원에서는 소유자가 미상인 나무로 인해 매실나무는 매각에서 제외됐고, 이 나무로 인해 낙찰자는 토지사용에 제약이 따른다는 이유로 해당 토지의 최초 매각가격을 정상 감정가인 438만 원에서 15% 할인한 370만 원으로 진행했다. 결론적으로 필자는 약 600만 원 가치의 토지를 158만 원에 낙찰받은 것이다.

낙찰 후 바로 면사무소로 달려갔다. 농지취득자격증명원을 발급 받아야 하니 바쁘게 뛰었다. 농지는 전·답·과수원을 말하는데 실제 농사를 짓는 농업인이 아닌 자가 농지를 매수할 경우, 투기 목적의 농지 취득을 방지하기 위하여 만든 제도인 농지취득자격증명원을 발급 받아야만 한다. 면사무소와 해당 토지를 오가며 담당자로부터 바로 농지취득자격증명원을 발급 받을 수 있었다. 그러고나서 바로 낙찰받은 땅이 소재하는 동네로 갔다.

시골에는 노인 분들만 거주하는 경우가 많다. 따라서 외지 사람이 갑자기 와서 어느 토지에 대해 묻는다면 경계심을 가지며, 불친절하게 대하기도 한다. 이럴 때는 양손을 무겁게 하고 인사를 가는 것이 좋다. 이때 돈 2만 원이면 충분하다. 초코과자 한 박스와 두유를 사서 동네

마을회관에 방문했다. 어르신들은 대체적으로 〈초코파이〉보다 〈오예스〉를 부드러워서 더 좋아하신다. 이런 걸 들고 가면 대체적으로 호의적으로 반응하시고, 종종 묻지 않은 사실까지 알려주셔서 생각지도 않은 정보를 얻을 때가 많다.

"안녕하세요, 어르신. 저기 XX번지 땅이 누구 건지 아세요? 주소는 대전으로 되어있고, 백○○이라고 되어 있던데…."

"아, 그거 백○○ 딸 같은데? 사업하던 게 잘 안 되서 여러 땅이 경매로 넘어갔다던데 그 땅 중 하나같은데?"

"그럼 거기 심어진 매실나무요, 소유자가 다른 것 같던데 어느 분이 주인인지 아세요?"

"부여 시내에 사는 사람이던데… 누군지는 잘 모르겠어."

몇 집을 돌며 수소문했지만 결국 매실나무 주인을 알아낼 수 없었다. 상황이 별로 좋지 않았다. 나무의 주인을 알면 토지를 처분하는데 있어서 여러 방법을 생각해 볼 수가 있지만, 주인을 모르면 협상조차도 시도할 기회가 없기 때문이다. 이후 다시 방문했지만 역시 헛수고였다. 어쩔 수 없이 동네 어르신들께 혹시라도 나무주인이 온 걸 보시면 연락 달라며 명함만 놓고 왔다. 한 달 정도 시간이 지나도 연락이 없었다.

'이상하다? 비료 포대를 갖다 났다는 얘기는 나무 관리를 한다는 뜻인데 연락이 없다니. 동네 어르신들이 아무도 못 봤나?'

어느덧 시간은 두 달 쯤 흘러 봄이 다가오고 있었다. 매실을 수확하자면 마냥 손 놓고 기다릴 수만은 없겠다는 생각이 들었다. 매각이 안되면 매실이라도 수확해야 하니 봄에 약을 쳐줘야 한다는 말에 그 동네 한 어르신 집에 방문했다.

"안녕하세요, 어르신. 예전에 백○○ 씨 땅 사서 인사드리러 왔었는데요. 기억하시는지요."

"아, 그때 빵 사 오신 분이구먼."

"그런데, 오늘은 어쩐 일로 오셨우?"

"그 땅 나무 심은 분들 못 보셨나요?"

"한 번도 못 봤지."

"그럼 매실나무 관리나 해야 할 것 같은데, 아는 분이 그러시는데 이맘 때 쯤 약을 한 번 줘야 한다고 해서요."

"그렇지, 한 번 주긴 해야지."

"그럼, 죄송한데 제가 농약 뿌리는 통이 없어서 그러는데 약을 사오면 약 뿌리는 통 좀 빌릴 수 있을까요?"

"당연히 빌려줄 수 있지. 면에 가서 약만 사와. 내가 빌려줄게."

지난번에 안면이 있어서 그런지 친절하게 구매해야 하는 약도 가르쳐 주셨다. 이번에도 〈오예스〉와 사이다를 사다드리니 무척 좋아하셨다. 맛있는 점심을 얻어먹고 농약 통을 메고 밭으로 갔다. 그런데 낯선 남자 두 분이 필자가 낙찰받은 땅 안쪽에서 비료포대를 만지고 있었다.

'어라? 혹시?'

"저기요, 여기서 뭐하세요?"

필자는 당연히 짐작이 갔지만 확인 차 질문을 던졌다.

"그러는 아저씨는 여기서 뭐 하시려고요?"

"저요? 제 땅의 매실나무에 병들지 말라고 약 주려고 하는데요?"

"아저씨 땅이라뇨? 이 땅, 제 건데요?"

'아하, 이 나무들 주인이구나. 오예!'

속으로 기뻐서 쾌재를 불렀다.

"제가 몇 개월 전에 경매로 나와서 이 땅을 낙찰받았는데, 경매로 나온 거 모르셨어요?"

"그럴 리가 없는데? 이 땅이 맞나요? 제가 몇 년 전에 이 땅을 매수했거든요."

"그래요? 다시 잘 알아보세요. 뭔가 착오가 있으신 거 같으니."

연락처를 교환하고 바로 돌아섰다. 농약 통을 빌려주신 어르신께 하나도 사용하지 않은 약과 함께 돌려드리니 너무 좋아하셨다.

며칠 후 매실나무 주인에게서 연락이 왔다. 몇 년 전에 뒤에 붙어 있는 분묘가 존재하는 땅과 함께 매수하려 했는데, 아마도 앞에 필자가 낙찰받은 땅은 제외된 걸 몰랐던 모양이다. 131번지와 131-1번지를 함께 매수해야 했는데 131-1만 소유권 이전을 하게 된 것이다. 어쩐지 그 당시에 땅 값이 많이 저렴하다는 생각이 들었단다. 그 당시 매도자

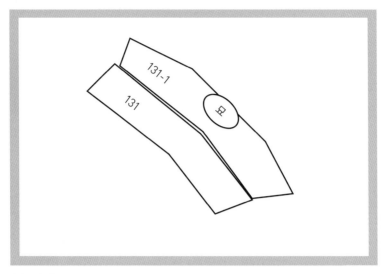

〈지번위치〉

와 매수자 사이에 착오가 있었던 것 같다. 그래서 남의 땅인지도 모르고 매실나무를 심었던 것이고, 지금까지 그냥 모르고 지내왔던 것이다.

본인이 매실나무를 심었고 묘도 있어서 131번지를 다른 사람이 소유하면 묘의 조망이 가릴 수 있기 때문에 131-1번지의 소유자는 131번지의 구매의사를 강력히 비췄다. 사실 필자가 입찰한 이유도 여기에 있다. 묘지의 주인이 나무를 심었을 것으로 생각했으며, 당연히 구매하리라 예상했다. 만에 하나라도 구매 의사가 없다면 170만 원 주고 산 땅에서 해마다 매실이나 갖다 먹으면 된다는 생각도 있었다. 매실 가격도 비싸니까 말이다.

어떤 이들은 이를 악용해서 땅값보다도 훨씬 많은 금액을 요구하는 사람들도 있다. 하지만 필자는 적정 시세를 받고 매도했다. 나무 주인을 위해서 소유권이전 등기도 도와줬다. 나무 주인이 무척 좋아했고 필자도 큰 어려움 없이 3개월 만에 처분해, 연 600%가 넘는 수익을 올렸다.

500만 원으로
연 45%의 수익 상가 소유하기

필자는 원래 상가 경매는 선호하지 않는다. 하지만 위치가 좋고 상대적으로 가격이 너무 저렴해 낙찰받은 적이 있다. 공매로 받은 물건이고, 창고로 쓰이고 있어서 명도과정이 어려울 수 있겠다고 생각했다. 하지만 의외로 쉽게 풀리고 수익률만 놓고 보면 손에 꼽힐 정도로 좋은 물건이다.

비록 후문에 위치하지만 2910세대의 대단지 아파트와 인접하며, 아파트 주변 중에선 가장 높은 빌딩들이 있는 길가의 1층 상가였다. 걸어서 넉넉잡고 10분 거리에 한화타임월드(대전에서 큰 상권 중 한 곳)가 있다.

감정가가 3,820만 원인데, 거의 분양 당시의 시세였다. 상권이 좋다면 상가 입주 후 가격이 많이 올랐을 텐데, 현장을 조사해 보니 아주 발달하지도 않았지만 그렇다고 썰렁하지도 않은 애매한 상권이 형성되어 있었다. 위치는 그런대로 좋으나 불경기 탓에 영업이 잘 되지 않아

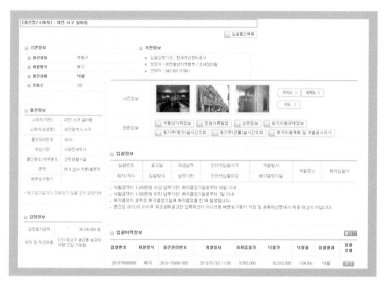

〈매각물건의 공고사항〉

폐업을 한 빈 점포가 간혹 보이기도 했다.

　그래서인지 입주가 한 참 지난 후 인데도 감정가는 거의 분양가 수준이었던 것이다. 주변 상가의 임대수준을 알아보았다. 이 건물은 아파트단지 바로 후문을 바라보고 있고 1층이었지만 빌딩 안쪽으로 위치해 있어 약간의 감점요인이 작용하고 있었다. 같은 면적의 전면에 위치한 점포는 보통 보증금 500~700만 원에 월 40만 원 정도로 임대가 이루어지고 있었지만, 이 상가는 보증금 500만 원에 월 20만 원 정도의 시세를 이루었다. 통유리로 된 현관문에 어두운 시트지를 붙였는데, 시트지 사이 약간 틈으로 상가 내부를 살펴보니 의자, 페인트통, 나무자재 등이 내부를 가득 채우고 있었다.

사람이 살고 있는 주택, 상인이 장사하고 있는 점포 등은 명도의 어려움이 있더라도 사람을 만날 수 있으니 조건이 좋은 편이다. 하지만 거주자를 알 수 없는 주택이나 폐업하고 문이 잠긴 이런 물건은 전 상가 소유자를 만나지 못하면 골치 아플 수 있다. 현행법상 낙찰자가 낙찰 받고 잔금을 내서 소유권이 이전되더라도 방치해있던 물건은 마음대로 처리할 수 없기 때문이다.

이런 경우 법적인 절차로 전 소유자나 점유자에게 인도명령 절차를 거쳐 낙찰자가 보관 장소를 지정한 후 집행관에게 명도신청을 해야 한다. 보관된 동산은 일정 시점이 지난 후 압류해 처리하는 게 보통이다. 그러나 이 모든 과정대로 처리하다 보면 짧게는 2~3개월 길게는 6개월 이상 걸리며 비용도 과다하게 소요된다. 그렇다고 법적인 절차를 무시했다가는 더 큰 화를 입을 수 있으므로 다소 복잡하고 시간이 걸리더라도 법적인 절차대로 처리하는 것이 안전하다. 그 전에 가장 좋은 방법은 물건의 소유자를 찾아 이전을 요구하는 것이다.

주변 점포를 여러 군데 둘러 조사했더니 건설업을 하시던 분이 사업이 잘 되지 않아 자재만 넣어 놓고 안 나타난 지 꽤 되었다고 했다. 전 소유자는 이 물건 말고도 다른 지역 상가의 지하를 또 소유하고 있었는데 그 건물 지하상권이 죽어버려 몇 년째 공실상태에 있었다. 이래저래 자금사정이 나빠져 세금 체납으로 나온 것이었다.

여러 차례 유찰되어 감정가 대비 약 30%까지 떨어져서 최저가가 955만 원까지 내려갔다. 몇 달 동안 관심물건 등록만 해 놓고 지켜보다가 이 정도면 충분히 저렴하다는 생각에 입찰을 결심했다. 문제는 입찰가였다. 최저가는 955만 원이지만 여러 번 유찰되어 누군가 한 명이라도 입찰을 할 것 같은 생각이 들었다. 공매는 잔금 납부 기한의 기준이 되는 금액이 있는데, 이 사건은 1,000만 원을 기준으로 그 이하는 1주일 이내에 납부해야 하고, 그 이상은 2개월의 납부기한이 주어졌다. 7주의 차이는 무척이나 큰 시간이다. 그 시간 내에 명도를 할수도 있으며, 소유권이 아직 넘어오지 않으므로 관리비 또한 나의 책임이 아니었다. 물론 공용부분의 관리비는 아직도 시비의 대상이 되지만 말이다.

이런 이유로 입찰가를 1,000만 원에 1만 원을 더 얹어 써냈다. 하지만 거의 단독일 것이란 내 짐작과는 달리 두 명이나 더 입찰자가 있었고, 2등과 21만 원 차이로 낙찰받았다.

낙찰 받은 기쁨도 잠시, 명도할 일을 생각하니 머리가 복잡해지기 시작했다. 낙찰 받고 다음날 인터넷으로 매각통지서를 받은 후 우선 대출이 가능한지 알아보았다. 당연히 잔금 낼 여력은 충분했지만 내 돈을 한 푼도 들이지 않는 일명 '무피투자'를 생각하고 있었기 때문이었다. 1금융권은 어려워도 2금융권에서 조금이라도 대출이 가능하리라 여겼는데, 이는 판단 착오였다. 낙찰가가 너무 적어 2금융권에서도 대출이 어렵다는 답변을 들었다. 어차피 잔금 걱정은 없었고 명도가 문제였다.

　며칠 후, 다시 현장을 찾아 주변에 물어보고 다녔다. 낙찰받기 이전엔 대답도 잘 안 해 주더니 낙찰을 받았고, 조만간 소유권도 넘어오니 잘 부탁드린다고 얘기하니 대부분의 상가 입주민들이 호의적으로 대했다. 몇 군데 알아보니 상가 1층 한 식당의 사장님이 상가운영회의 임원직을 맡고 계시니 만나 보라 권했다. 그 식당에서 점심을 먹으며 조심스럽게 말을 건넸다.

　"안녕하세요, 사장님. 뭐 좀 하나 여쭤 보아도 될까요?"

　"예, 말씀하세요."

　"혹시 이 상가 뒤쪽 111호요."

　그러자 약간 경계하는 눈빛으로 필자를 쳐다보았다.

　"아, 다른 게 아니고요. 제가 그 상가 낙찰받았거든요. 거기 공매로 나온 건 알고 계시죠?"

　그제서야 경계의 눈빛을 푸는 눈치였다.

　"상가 내부에 짐이 가득 있던데, 혹시 주인 연락처를 아세요?"

　짐짓, 망설이더니 이내 말씀하신다.

　"연락처는 함부로 가르쳐 드릴 수는 없고 그 분에게 연락한번 해 볼 테니, 선생님 연락처를 알려주고 가세요."

　"예, 고맙습니다."

"그런데, 그 사무실 어떻게 하실거에요?"

이럴 때는 확답을 주는 것보다 되도록 호감을 가도록 말하는 게 좋다.

"같이 일하는 분과 상의해 봐야겠지만, 우선은 저희가 사무실을 이전해야 해서요, 사무실로 이용할까 생각 중인데요. 앞으로 이웃이 되면 잘 부탁드리겠습니다."

그제서야 처음보다 얼굴이 많이 밝아지셨다.

"예, 알아보고 연락드리겠습니다."

며칠이 지나서 식당 사장님으로부터 전화가 왔다.

"그 상가 전 소유자가 그러는데, 그 짐은 관리비를 대신 내는 조건으로 옆 상가의 용역회사에서 짐을 넣어 놨고 상가를 비우는 건 용역회사와 상의하랍니다."

속으로 쾌재를 불렀다. 이렇게 쉽게 풀릴 줄이야. 용역회사와 협의를 해서 잔금 납부하는 시점에 짐을 다 빼고, 도배를 새로 한 후 깨끗이 청소했다. 정말로 1년여 동안 사무실로 사용했다.

1년 후, 보증금 500만 원에 월 20만 원으로 월세를 놨다. 500만 원을 회수했으니 실질적으로 들어간 돈은 세금 포함해서 550만 원이 채 안 됐으며 월 20만 원이 들어오니, 1년에 240만 원, 2년3개월 만에 원금을 모두 회수했다. 연 45%의 수익인 상가다. 이 상가는 지금도 보유하고 있다. 아마도 꽤 오래 소유하지 않을까 싶다. 이렇게 수익성이 좋은 물건은 흔치 않으니 말이다.

7

550만 원으로 낸
연 200%의 수익이야기

550만 원으로 낙찰받고 매도하는 데 4개월도 걸리지 않아 꽤 괜찮은 수익을 안겨주었던 물건이 있다. 매각명세서를 보면 누군가 약 2,400만 원에 낙찰받고 미납했다. 한 차례 미납한 사실이 마음에 걸렸지만, 너무나도 가격이 저렴해서 현장에 가서 조사해 보았다.

감정가는 4,300만 원이었지만 시세를 조사해 보니 3,000~3,500만 원에 거래가 가능해 보였다. 시골에 한 동짜리 아파트라 많은 사람이 선호하지는 않겠지만 저렴하게 매물로 내놓으면 충분히 거래되리라 생각됐다. 일단 시세대비 최저가가 마음에 들었다.

시세 조사 후 매각물건을 찾아 방문해보았다. 초인종을 아무리 눌러도 아무 반응이 없었다. 잠깐의 기다림 후에 관리사무소를 방문했다. 경비 한 분이 한가롭게 라디오를 듣고 계셨다.

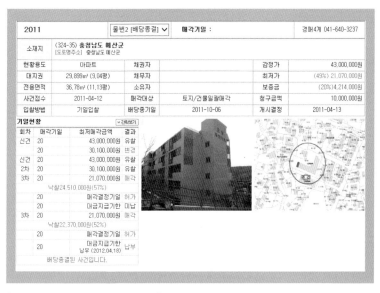

2011		물번2 [배당종결] ✔	매각기일 :		경매4계 041-640-3237	
소재지	(324-35) 충청남도 예산군 [도로명주소] 충청남도 예산군					
현황용도	아파트		채권자		감정가	43,000,000원
대지권	29,899㎡ (9.04평)		채무자		최저가	(49%) 21,070,000원
전용면적	36.78㎡ (11.13평)		소유자		보증금	(20%) 4,214,000원
사건접수	2011-04-12		매각대상	토지/건물일괄매각	청구금액	10,000,000원
입찰방법	기일입찰		배당종기일	2011-10-06	개시결정	2011-04-13

기열현황 ✔간략보기

회차	매각기일	최저매각금액	결과
신건	20	43,000,000원	유찰
	20	30,100,000원	변경
신건	20	43,000,000원	유찰
2차	20	30,100,000원	유찰
3차	20	21,070,000원	매각
	낙찰24,510,000원(57%)		
	20	매각결정기일	허가
	20	대금지급기한	미납
3차	20	21,070,000원	매각
	낙찰22,370,000원(52%)		
	20	매각결정기일	허가
	20	대금지급기한 납부 (2012.04.18)	납부
	배당종결된 사건입니다.		

〈전 낙찰자가 잔금을 미납한 매각물건〉

"어르신, 안녕하세요."

"예."

"411호 거주하시는 분을 만나러 왔는데, 아무도 안 계시나보네요?"

"경매 때문에 오셨어요?"

"예, 찾아오는 사람이 많았나요?"

"아니, 찾아오는 사람은 몇 명 없었는데… 그 집 지금 아무도 안 살아
요."

"예? 집이 비어있다는 말인가요?"

"집이 비어있는 건 아니고, 세 사시는 아주머니가 보증금을 못 받아

서 짐은 그대로 두고 나가서, 가게에서 자는 것 같더라고요. 꽤 된 것 같은데…."

'이런, 그렇다면 집이 방치되었다는 말이 아닌가.'

사람이 거주하거나 빈집보다 더 안 좋은 상황이었다.

집 내부를 볼 수 없으니 짐은 얼마나 있는지, 수리할 곳은 없는지, 집을 깨끗이 사용했는지 알 수 없으니 입찰가격 산정에 많은 고민을 하게 되었다. 집이 비어 있다면, 관리비도 밀려있을 가능성이 높았다.

"그럼, 관리비는 제대로 납부하고 계신건가요?"

"웬걸요, 150만 원 정도는 밀려있는 것 같은데? 정확한 금액은 총무님이 알고 계실꺼에요."

"세입자분 연락처는 알고 계시죠?"

"그럼요, 알고 있죠. 그런데 경매 때문에 여러 명이 전화를 해서 많이 난처했어요. 가르쳐주지 말라더라고요."

전 낙찰자는 아마도 많은 미납관리비와 집 내부를 볼 수 없어서 잔금을 미납한 듯했다.

당장 전화할 필요는 없으니 굳이 묻지 않았다. 만약 낙찰받게 된다면 그때 통화하면 되니까. 총무에게 정확한 금액을 확인 후 매각물건 아랫집을 방문했다. 자초지종을 얘기하고 집 내부를 봤다. 큰 방 하나에 주방 겸 거실, 화장실, 누수는 없는 것으로 확인됐다. 방이 하나라 사람들이 선호하지는 않겠지만 저렴하게만 낙찰받으면 처리할 수 있겠다는 생각이 들었다.

입찰 당일 3명의 입찰자 중 1등으로 입찰가액을 써서 낙찰자가 되었다. 낙찰받고 바로 아파트로 달려가서 경비아저씨를 만나 세입자의 연락처를 받아 통화를 시도했다. 몇 시간을 기다리고 저녁이 되어서야 세입자를 만나 집 내부를 볼 수 있게 됐다.

현관문이 열리고 집 내부를 들여다본 순간 필자는 망치로 머리를 내려치는 느낌에 순간 멍해졌다. 시쳇말로 쓰레기장을 보고 있는 느낌이었다. 도대체 이런 집에서 사람이 살 수 있는지 의문이 들었다. 어지럽게 널브러져 있는 이불과 술병들, 키우는 애완견이 이빨과 발톱으로 다 물고 할퀴어서 문틀과 화장실 문은 엉망이었고, 싱크대는 문짝이 떨어져 나가 있었다. 가스레인지는 음식물이 눌러 마른 상태로 기름에 절어서 악취도 났다. 화장실은 세면대가 고장 나서 물을 쓰면 그냥 바닥으로 흘렀다. 우려가 현실로 나타나는 순간이었다. '정상적인 집으로 만들려면 고생 꽤나 해야겠다'는 생각에 골치가 아팠다. 그러나 어쩌랴, 내가 선택한 물건인데…. 대책이 필요했다.

작은 집인데도 청소하고 수리하는 데만 꼬박 이틀이 걸렸다. 페인트 칠도 새로 칠하고 화장실도 수리하고 싱크대도 새로 맞췄다. 도배에 장판도 새로 했다. 이렇게 모든 수리를 하고 집을 내놨다. 도배, 장판을 빼곤 필자가 직접 수리해서 큰돈은 들지 않았다. 집을 깨끗하게 수리해 놓으니 바로 매수자가 나타났고 예상했던 금액으로 매도했다.

- 낙찰   2,237만 원
- 대출   1,800만 원(낙찰가의 80%)
- 세금, 수리비 외   120만 원
- 총 투자비용   2,357만 원
- 실 투자비용   570만 원
- 매도   3,500만 원
- 대출이자   60만 원(중도상환 수수료 포함)
- 수익   1,083만 원
- 실제수익   약 500만 원(양도소득세 50% 공제)

이렇듯 약간의 인테리어 비용을 투자하면 빠르고 수월하게 매도가 가능해진다. 그러니 늘 상대방의 입장에서 생각하고 조금만 배려한다는 생각으로 물건을 바라보라. 청소와 인테리어는 비용이 아니라 확실한 투자이다.

8

800만 원으로 얻은
연 26% 수익을 내는 아파트

임대사업을 하는 회사가 사정이 어려워져 아파트가 경매로 나온 물건이 있었다. 차로 10분 거리에 삼성LCD단지가 있고, 걸어서 10분 거리에 선문대학교가 있다. 마을이 크게 형성되지는 않았지만 임대수요가 꽤 많았고 낙찰받았을 당시 근처에는 이 아파트밖에 없어서 임대나 매매수요가 꽤 많으리라 예상했다.

시세조사를 한 결과, 매매가격은 약 6,000~6,500만 원 선이었고 월세는 평균 보증금 500만 원에 월 40만 원 정도였다. 매매가 대비 월세도 괜찮은 편이었고, 단지가 990세대로 비교적 세대수가 많아서 관리비가 적게 나오는 점도 마음에 들었다.

〈매각물건 현황〉

원래 입찰자는 3명이었고 1위 입찰자는 약 5,500만 원 정도의 금액을 제출했었다. 그런데 사건번호를 잘못 적어 무효처리가 됐고, 입찰가 2위인 필자에게 낙찰의 행운이 찾아왔다.

〈임차인과 등기부등본 현황〉

임차인이 전세로 거주했다가 보증금을 돌려받지 못하자 주택임차권 등기를 했고 결국엔 강제경매를 신청했다. 주택임차권이 있다면 집이 비어있을 가능성이 컸다. 관리사무소에 방문하니 역시나, 1년 조금 넘게 비어있었고 미납관리비가 약간 있었다. 짐만 없다면 명도문제는 신경 쓸 필요도 없다는 생각이 들었다.

"안녕하세요. ○○동 ○○○호가 경매로 나와서, 궁금한 것 좀 여쭤보려고 하는데요."

"예, 말씀하세요."

"그 아파트 혹시 임대사업 하는 회사에서 나온 물건인가요?"

"예, 그 회사에서 이 단지 아파트를 꽤 많이 보유하고 있는데, 자금 사정이 여의치 않아서 나온 거 같네요."

이 당시 약 한 달 간격으로 이 회사 소유의 아파트 몇 건이 경매로 진행되고 있었다.

"그럼, 여기 세 들어 살던 분은 전세 보증금을 못 받아서 경매 신청한 것 같던데, 이사하신 거 같네요?"

"이사한지 꽤 됐죠?"

"혹시 본인만 나갔나요, 아니면 짐까지 다 빼서 나가셨나요?"

"남자친구하고 같이 와서 용달차 한 대에 짐을 전부 싣고 가던데요?"

그렇다면, 이 물건은 낙찰만 받으면 쉽게 해결되겠다는 생각이 들었다.

"1년도 넘었으면 집에 문제없을지 모르겠네요? 관리가 안 되어서요."

"집 내부는 몰라도, 아파트 자체는 튼튼하게 지어져서 큰 문제는 없을 것 같은데요? 누수신고 같은 거 들어오는 일은 없으니."

"죄송한데, 하나만 더 여쭤볼게요. 그럼 미납관리비가 꽤 많겠는데요?"

"한 60만 원 정도 되죠."

저번에 물어보는 사람이 한 명 있어서 기억이 난다며 바로 알려주었다. 경매 물건 아파트의 내부는 못 보았으나 다른 집에 방문해서 집 구조며 임대시세 등을 조사했다.

조사결과 수익성이 좋았고 권리 상 문제도 없었으며 명도도 쉬우리라 예상되어서 입찰했고 낙찰받았다.

〈낙찰 후 내부 모습〉

〈수리 후 내부 모습〉

낙찰받고 임차권자를 만나 집 열쇠를 넘겨받았다. 보증금 전액을 배당받지는 못 하지만 최우선변제금이라도 받으려면 필자의 명도확인서와 인감증명이 있어야 하기에 미납관리비를 대신 납부하는 조건으로 쉽게 해결되었다. 대출은 낙찰가의 80%인 4,200만 원을 받았고 월 35만 원으로 월세를 주었다. 일 년에 월세로 420만 원이 들어왔고, 대출이자 210만 원을 빼면 210만 원의 수익이 발생했고, 이는 연 26%에 해당하는 높은 수익률이었다.

그러나 필자는 2년을 넘기지 않고 매도했다. 월세수입을 위해 주택이나 상가를 보유하는 기준으로 소액을 투자하여 높은 수익률이 나오면서, 차후에 시세차익도 얻을 수 있는 부동산이어야 하는데, 이 아파트는 주변에 신축아파트가 생기고, 다세대 주택이 많이 건축되어 시세가 좀처럼 오르지 않았다.

또한, 거주자들은 대부분 삼성LCD의 일을 맡아하는 용역업체에 근무하는 사람들로 매매보다는 전, 월세를 선호하여 매매거래가 잘 이루어지지 않아, 가격상승의 여력이 없었다. 그래서 장기간 보유하지 않고 매도한 것이다. 몇 년이 지난 지금도 이 아파트의 월세와 매매가는 그 당시와 비슷하다.

· 낙찰	5,233만 원
· 대출	4,200만 원(낙찰가의 80%)
· 세금, 수리비 외	280만 원
· 이자(5%)	210만 원
· 월세	보증금 500만 · 월세 35만 원
· 연 수입	420만 원
· 실 투자액	800만 원
· 년 수익	210만 원

📖 모든 재테크의 기본, 지키기

한 아파트가 짧은 기간 사이에 두 번이나 경매로 진행됐다. 그 아파트에는 최선순위로 전입신고와 확정일자를 받은 임차인이 거주하고 있었다. 배당요구를 했다. 그렇다면 이 임차인의 보증금 이상의 금액으로 낙찰되면 전부 배당받으므로 문제가 없는 물건일까?

답은 '아니다'이다. 이런 물건을 쉽게 생각하고 입찰했다가 입찰 보증금을 몰수당하는 것을 여러 차례 목격했다. 제대로 된 이론 공부와 철저한 조사 없이 입찰하게 되면 이런 낭패를 당할 수 있다.

대항력 있는 임차인은 첫 번째 경매에서 배당요구를 했다. 그러나 낙찰금액이 보증금보다 현저히 적어 상당한 금액을 배당받지 못했고, 얼마 지나지 않아 두 번째 경매가 진행됐다. 여기서 임차인은 대항력이 있지만 두 번째 경매에서는 한 푼도 배당되지 않고 낙찰자가 인수해야 한다. 입찰자는 이런 사실을 모르고 입찰했기에 입찰보증금을 포기할 수밖에 없다.

대항력 있는 임차인은 보증금 전액을 돌려받을 때까지 명도를 거부할 권리가 있다. 그러나 경매에서 먼저 배당 받을 수 있는 우선변제권이 생기는 것은 아니다. 우선변제권은 전입 신고할 때 임대차계약서에 받는 확정일자가 있어야 발생한다. 이 우선변제권으로 주택이 경매로 진행되면 후순위권리자들보다 우선해서 변제받을 수 있다. 그런데 대항력은 영속적인 권리인 반면 우선변제권은 소멸성 권리이다. 즉 1회 사용하면 없어진다. 첫 번째 경매에서 배당 신청했으니, 우선변제권이 소멸하고 두 번째 경매에서는 배당신청을 해도 배당받지 못하는 것이다. 그렇지만 대항력은 살아있으니, 첫 번째 경매에서 못 받은 금액은 낙찰자가 인수해야만 한다.

경매로 많은 돈을 벌 수 있다. 그러나 위의 사례처럼 준비 없이 뛰어들면 소중한 자산을 허공으로 날려 버릴 수도 있다. 충분한 이론 공부와 철저한 현장조사, 제대로 된 입찰표 작성, 명도와 매도까지 모든 과정이 톱니바퀴처럼 잘 맞물려 돌아갈 때 원하는 이익을 얻게 되는 것이다. 여기서 한 가지만 틀어져도 원하는 이익을 얻지 못할 뿐만 아니라 자칫하면 투자원금까지 날려 버릴 수 있다.

권리분석을 잘못하면 생각지도 않은 금액을 인수해야 하는 상황도 발생하며, 현장조사를 철저히 하지 못하여 시세를 잘못 알았다든지, 기일입찰표를 잘못 작성하면 입찰보증금을 포기해야 하는 때도 생긴다. 필자의 주변에서 종종 보는 일이다. 적게는 수백만 원에서 많게는 1억 원이 넘는 돈을 포기하는 것도 보았다. 그러니 물건선정부터 명도하는 과정까지 긴장의 끈을 놓지 않고 철저히 공부와 조사를 해야 한다.

PART
2

숨은 보석을 찾는
첫 걸음,
권리분석

1
원하는 수익을 얻기 위한
튼튼한 기초공사, 권리분석

건축물의 기초공사는 바닥 다지기와 철골뼈대 공사이
다. 이 기초공사가 잘되어야 튼튼하고 멋진 건축물을 지을 수 있게 된
다. 기초공사가 부실하면 하자보수의 부담부터 붕괴의 위험까지 큰
위험을 안고 있는 건축물이 된다.

권리분석은 건축의 기초공사와 같다. 경매의 출발은 바로 권리분석
이다. 명도와 함께 가장 많이 전문서적과 강의에서 다루는 내용이기
도 하다. 권리분석을 잘 못 하면 낙찰자가 추가로 인수해야 하는 부담
도 생길 수 있을뿐더러 자칫하면 소유권 이전도 못 하는 때도 있다. 제
대로 된 권리분석은 원하는 이익을 얻기 위한 경매란 건물의 튼튼한
기초공사로 보면 된다.

경매 대상이 된 부동산의 법률적 권리관계를 분석해 입찰자가 해당
부동산을 낙찰받은 이후에 부담해야 하는 권리가 있는지, 소유권이전

에는 문제가 없는지, 만일 낙찰자가 인수해야 하는 권리가 있다면 어느 정도의 경제적 부담을 져야 하는지 등을 정확히 판단해야 원하는 수익도 올릴 수 있다.

투자라는 관점에서 보면 해당 경매 대상물에 대한 수익성을 분석하는 것도 중요하지만 이에 못지않게 중요한 것이 권리분석이다. 경매에 대한 모든 책임은 전적으로 입찰자 본인이 져야 하기 때문이다.

만약 잘못된 권리분석 때문에 낙찰 후 생각지도 않게 인수되는 권리나 추가비용이 생길 경우, 법원에서는 절대 사정을 봐주지 않는다. 입찰 보증금을 포기하거나 예상치 않은 비용을 떠안아야 한다. 따라서 철저하고 올바른 분석만이 이런 사고를 미연에 방지할 수 있다.

지금은 유료 경매정보사이트에 들어가면 권리분석이며, 사진, 예상배당금액, 등기부등본까지 볼 수 있게 잘 만들어져 있다. 그러나 이 정보를 100% 신뢰하는 것은 금물이다.

권리분석은 기계적으로 등본순서로 나열한 것이다. 예상배당금액은 그 권리분석에 기초해 나타냈으며, 부동산 등기부등본은 경매개시시점에 발급 받은 것이므로 경매가 진행되는 시점엔 다른 상황이 발생했을 수도 있다. 이렇듯 여러 이유로 유료사이트의 권리분석은 종종 오류가 생길 수 있음을 알아야 한다.

사고를 미연에 방지하기 위해선 등기부등본을 입찰 때, 낙찰 후, 잔금 납부 시에 각각 발급받아서 확인해야 한다. 한 푼도 배당받지 못 하

는 사람과 50% 배당받는 사람, 100% 배당 받는 사람의 명도에 대한
저항이 다르므로 임차인이나 소유자가 배당받을 금액 정도는 본인이
직접 산출할 줄 알아야 한다.

남들이 꺼리는 물건이
알짜 수익을 가져다준다

통상적으로 권리상으로 아무 문제가 없거나 특이한 사항이 없는 물건을 일반물건이라 지칭한다. 그 외에 일반물건과는 다른 특이한 권리가 있는 물건을 특수물건이라고 말한다. 경매를 시작하는 분들은 일반물건에 집중적으로 공부하고, 나중에 특수물건을 하게 되면 그때 공부해도 늦지 않다. 특수물건에 대해서는 공부도 많이 해야 할 뿐만 아니라 협상을 끌어내는 능력도 필요하며 최악의 상황엔 소송까지 염두에 두어야 한다. 경매를 시작하는 입장에서 특수물건이란 무엇을 의미하는지만 간단히 알아두자.

필자는 이 책에서 특수물건에 대한 권리분석은 심도 있게 다루지 않으려 한다. 보통 경매인구가 늘어나고, 정보가 많이 공개되면서 주변에서는 특수물건을 해야만 만족할 만한 수익을 낼 수 있다며 특수물건을 권유하는 것을 종종 목격한다. 하지만 필자는 약간 다르게 생각한다.

특수물건의 종류

종류	권리내용	특징
유치권	공사대금이나 시설비를 받기 위해 해당 주택을 점유하는 권리	유치권이 성립한다면 공사대금을 다 받을 때까지 명도를 거부할 수 있다. 신축 주택의 경우를 제외하고는 보통 유치권이 성립되지 않는 경우가 많지만, 명도에 어려움을 겪을 수 있다.
지분	부동산의 소유자가 2인 이상일 때 그 중 1인의 소유권이 경매로 나온 경우	지분물건은 나머지 소유자에게 처분하지 못하면 매도에 어려움을 겪을 수 있다.
법정지상권	우리나라 민법은 토지와 건물을 별개의 대상으로 본다. 보통은 토지와 건물의 소유자가 동일하지만 간혹 토지와 건물의 소유자가 다를 경우에 발생한다.	법정지상권이 확실히 성립하지 않아 저렴하게 낙찰 받거나 소유자에게 매도할 수 있으면 좋으나, 협상이 잘 이루어지지 않거나, 법정지상권이 성립하게 된다면 소송으로 해결해야 한다.
가등기	나중에 소유권을 이전할 것을 약속하고 그 권리의 표시로 하는 등기	등기부등본 상 가장 먼저 설정된 선순위가등기는 말소되지 않고 낙찰자에게 인수된다. (예외 : 돈을 빌려주고 못 갚을 시, 해당 부동산의 소유권을 이전받기로 약속한 '담보가등기'는 말소된다. 중요한 사실은 등기부등본에는 담보가등기라 표시되지 않는다. 따라서 낙찰자가 알아내야 한다)
가처분	해당부동산의 권리관계에 분쟁이 있으니 매매나 양도를 못하게 하는 등기(처분하지 못하게 하는 등기)	가처분의 종류에 따라 대처법이 다르며, 후순위 가처분이라도 말소가 되지 않는 경우가 있으니 조심해야 한다.
가장 임차인	소유자가 소유권이전 등기한 날보다 전입일이 빠른 사람이 존재하는 경우, 임차인이라 신고하고 보증금의 반환(배당요구)을 요구하는 경우	진성임차인인 경우에는 배당받지 못하는 금액만큼 낙찰자가 인수해야 하므로, 대부분 일반 물건보다 저렴하게 낙찰된다. 만약 가장 임차인이라는 사실을 밝혀내면 그 만큼 수익으로 돌아온다.

큰 욕심을 부리지 않고 남들과 다른 시각으로 접근한다면 특수물건이 아닌 일반물건으로도 충분히 수익을 낼 수 있기 때문이다.

필자는 남들이 선호하지 않는 물건에 주로 입찰한다. 겉으로 보기에 너무 좋아 보이는 물건은 쳐다보지도 않는 편이다. 그런 물건은 99% 경쟁률이 높고 자연히 낙찰가도 높아지게 마련이다. 이런 물건은 낙찰받기도 어려울뿐더러 만족할만한 수익을 내기도 쉽지 않다.

필자가 선호하는 물건은 보통 3:1에서 5:1 정도의 경쟁률이 이루어지는, 남들이 별로 선호하지 않는 것들이다. 대체적으로 외진 곳이나 오래 되어 보이거나 허름해 보이는 그런 물건들이다. 아파트나 다세대주택에서 크기나 향이 같다면 옆집보다 저렴하게만 산다면 충분히 수익을 낼 수 있다. 아무리 건축된 지 오래되고 허름해 보여도 누군가는 그 집에 살게 된다. 그러니 옆집의 거래가격보다 저렴하게만 매수하면 충분히 수익을 낼 수 있다.

필자가 사례로 소개하는 물건도 모두 일반물건이나 다름없다. 물론 특수물건 중 수익이 크게 나는 것도 있지만 그 과정이 너무 힘든 경우가 많다.

유치권, 가장임차인은 그중에서도 양호한 편이다. 두 종류의 사건은 전후 사정과 사실관계의 파악으로 해결되는 때가 많다. 필자가 가장 좋아하는 종류는 가장임차인이다. 이런 물건은 입찰 전 사전 조사로 그 사실 여부를 가려서 확실한 증거와 확신이 생기면 입찰하고 그렇지 않으면 하지 않으면 된다. 낙찰 후 복잡한 처리 과정을 거치지 않아도 되고 보통물건보다 수익성이 좋으니 자주 입찰하는 편이다. 그러나 선순위가등기, 선순위가처분, 법정지상권 같은 물건은 소송으로 진행되는 경우가 다반사다.

소송은 보통 적게는 몇 개월에서 길게는 2~3년이 걸린다. 시간이 지나다 보면 몸도 마음도 지치게 되어 그다지 권하고 싶지 않다. 다른 길이 없다면 모를까 굳이 험난한 길을 걸어갈 필요가 있을까? 임대차보호법만 제대로 알아도 많은 물건에 입찰할 수 있다. 따라서 대부분의 사람들과 다른 시각으로 물건을 바라보려 노력하라. '경쟁률은 낮고, 낙찰률이 높은 물건'이야말로 우리가 찾아야 할 대상이다.

도대체
말소기준권리란 무슨 말일까

경매절차에서 등기부등본에 기재된 권리는 낙찰자가 인수해야 하는 권리와 말소되는 권리로 나뉘게 된다. 말소기준권리란 그 기준이 되는 권리를 지칭하는 말이다. 우리나라 민법상에는 없는 말이지만 경매하는 사람들이 편하게 지칭하는 용어이다.

1) 말소기준권리

등기부등본 상, 금전(돈)지급과 관계된 권리 중 최선순위 권리 – (가)압류, (근)저당권, 담보가등기, 경매개시결정 등기

경매개시결정기입등기는 원칙적으로 금전지급과는 무관하지만 민사집행법상으로 경매개시결정 등기에 당해 부동산의 처분을 금지하는 효력, 즉 압류의 효력이 있다. 결국, 경매개시결정기입 등기는 압류등기나 마찬가지이므로 가압류나 압류와 같이 취급해도 되는 것이다.

이 말소기준권리를 중심으로 이전에 설정된 등기는 낙찰자에게 인수, 이후에 설정된 등기는 말소가 기본 원칙이다. 후순위이지만 말소가 안 되는 등기도 있으니 조심해야 한다. 그중 예고등기, 후순위가처분 등은 철저히 조사해야 한다. 또한, 유치권, 법정지상권, 분묘기지권 등은 등기부등본에는 나타나지 않지만 등재 여부에 상관없이 성립하면 인수되는 권리이므로 조심해야 한다.

2) 말소되지 않는 후순위 권리

① 예고등기 : 해당 부동산에 소유권에 관한 다툼으로 소송중이라는 뜻의 등기. 소송 승리자에 따라 소유자 바뀔 수 있으니 조심해야 한다.

② 처분금지가처분 : 등기부등본 상 부동산의 처분을 금지하는 가처분이 기재되어 있다면 후순위라도 가처분은 말소되지 않고 매수인이 인수해야 하는 경우도 있다. 따라서 등기부등본 상 가처분이 등재되어 있으면 가처분의 내용을 철저히 조사해야 한다.

3) 전세권이 말소기준이 되는 경우

전세권은 다른 나라에는 존재하지 않는 특별한 권리이다. 우리가 흔히 말하는 보증금을 지불하고 주택을 임차하는 채권적 전세가 아니라 등기부등본에 기입된 '물권적전세권'을 말한다. 이 전세권이 다른 권리보다 후순위라면 아무 문제가 되지 않으나 등기부등본 상 최선순위일 때 문제가 발생한다. 이는 2가지로 나눠서 생각해야 한다.

① 전세권자가 경매를 신청하거나 배당요구를 한 경우 – 전세권자의 경매신청 혹은 배당을 요구했다는 것은 전세권계약을 중도에 해지하고 보증금을 반환받겠다는 의사의 표현이다. 결국 전세권도 금전의 지급을 구하는 권리로 전환되어 말소기준권리와 같은 역할을 하게 되어, 전세권은 말소되고 위의 전세권에 대항할 수 없는 모든 후순위 권리들도 소멸한다.

② 전세권자가 경매를 신청하지 않거나 배당을 요구하지 않았을 경우 – 말소기준권리도 되지 않으며 무조건 낙찰자가 인수해야 한다. 등기부상의 전세 기간(날짜)은 중요하지 않다. 전세권자가 말소해 주지 않으면 말소가 안되며 보증금을 전액 지급해야 말소가 가능하다.

◈ 전세권은 돈을 빌려주고 저당권 대신 설정할 수도 있다. 주택임대차보호법의 대항력은 점유가 필수요건이나 전세권은 점유를 필수요건으로 하지 않는다.

4 민법보다 우선하는
주택임대차보호법을 아시나요

주택임대차보호법은 경제적으로 약자인 임차인을 보호하기 위하여 생긴 민사특별법이다. 따라서 민법보다 우선하는 법이다. 본래 임대차 계약으로 생긴 임차권은 채권으로서 소유권이나 저당권과 같은 물권에 대항할 수 없다. 그래서 매매나 경매로 소유권이 이전되어 새로운 소유자가 집을 비워달라고 하면 이에 따를 수밖에 없다.

이에 임차인의 보호를 위해 주택임대차보호법인 전입신고와 확정일자제도를 만들었다. 임차인에게 전입신고를 해서 임차인의 권리가 발생한 시점을 타인이 확인할 수 있도록 하고, 임대차계약서에 확정일자를 받게 해서 물권처럼 인정하여 경매 시에도 배당 순위에 따라 우선변제를 받을 수 있도록 했다.

1) 대항력

후 순위 권리자에 대하여 임대차기간 동안 계속 살 수 있고, 임대차보증금을 모두 변제받을 때까지 명도를 거부할 수 있는 권리를 말한다.

- 성립 요건 – 전입신고와 점유를 갖춰야만 함
- 발생 시기 – 전입신고와 점유를 모두 마친 다음 날 0시

2) 우선변제권

경매 진행 시 기타 후 순위 권리보다 우선 변제를 받을 수 있는 권리를 말한다. 등기부등본에 물권이 등재된 후 채권이 등재되면 물권 먼저 모두 배당한 후에 채권을 배당해준다. 주택임대차계약은 임대인과 임차인 간의 채권관계이다. 사회적 약자인 임차인의 채권(보증금)을 보호하기 위하여 주택임대차보호법상의 일정 요건을 갖추면 물권처럼 취급하여, 요건 성립 시기부터 다른 권리보다 먼저 배당받을 수 있는 우선권이 주어진다.

- 성립 요건 – 대항력을 갖추고 확정일자를 받아야 함
- 발생 시기 – 우선변제권의 발생 시점은 대항력을 갖춘 날과 확정일자를 받은 날짜 중 늦은 날

그러나 통상 전입신고를 하면서 확정일자를 받으므로 우선변제권이 발생하는 시점은 신고한 다음 날 0시라고 생각하면 된다. 물론 주택의 인도가 전제조건으로 돼야 한다.

3) 대항력과 우선변제권 차이

대항력은 후 순위권리자에게 대항할 수 있는 권리이지만, 확정일자를 갖춰야만 우선변제권이 생긴다. 혼동하지 말자. 대항력과 확정일자의 시기에 따라 배당순서가 달라지니 조심해야 한다.

예시 1)

전입, 주택인도	확정일자	근저당설정일
9월 15일	9월 15일	9월 15일
우선변제권 발생일 : 9월 16일 0시 (대항력이 16일 0시에 생기므로)		
배당 : 은행먼저 배당해주고 다음에 임차인을 배당해준다.		

예시 2)

전입, 주택인도	확정일자	근저당설정일
9월 15일	9월 14일	9월 15일
우선변제권 발생일 : 9월 16일 0시 (대항력이 16일 0시에 생기므로)		
배당 : 은행 먼저 배당해주고 다음에 임차인을 배당해준다.		

예시 3)

전입, 주택인도	확정일자	근저당설정일
9월 14일	9월 14일	9월 15일
우선변제권 발생일 : 9월 15일 0시 (대항력이 15일 0시에 생기므로)		
배당 : 임차인 먼저 배당한 후, 은행을 배당한다. 은행과 임차인이 같은 9월 15일이지만 임차인에게 먼저 배당해준다. 임차인의 우선변제권은 0시에 발생되지만 은행은 영업개시 시간인 9시가 기준이 되기 때문에 임차인이 시간상으로 선순위가 된다.		

예시 4)

전입, 주택인도	확정일자	근저당설정일
9월 12일	9월 15일	9월 15일
우선변제권 발생일 : 9월 15일 (대항력은 13일 0시에 발생)		
배당 : 금액에 따른 같은 비율로 안분배당*한다. 이 경우는 임차인과 은행의 우선변제권이 똑같이 9월 15일에 발생하며 시간의 우열을 가릴 수 없기 때문이다.		

* 안분배당 : 각 금액에 따라 같은 비율로 배당하는 것을 말한다.
  예로, 배당할 금액 2,000만 원이고,
  갑이 채권 1,000만 원, 을이 채권 3,000만 원을 배당 신청했다면,
  갑 = 2,000만 원×(1,000만 원/4,000만 원) = 500만 원
  을 = 2,000만 원×(3,000만 원/4,000만 원) = 1,500만 원이 배당된다.

5

최소한의
보증금을 지키자<small>(소액임차인과 최우선변제금)</small>

주택임대차보호법의 핵심인 소액임차인에 관한 사항이
다. 주택임대차보호법에서 대항력과 확정일자를 갖춘 임차인을 물권
처럼 취급하여 배당에 참여할 수 있게 조치하였다. 그러나 최선순위의
경우에는 보증금을 전액 배당받을 확률이 높지만, 현실에서 대부분의
임차인은 은행에서 주택을 담보로 대출해주고 설정하는 근저당 후에
대항력과 확정일자를 갖추어 2순위의 지위를 갖게 되는 때가 많다.

　이럴 때 임차보증금을 전액 보장받지 못하는 경우도 생기게 된다.
대부분 소액의 보증금으로 생활하는 임차인들에게 많이 발생하게 되
는데, 이에 소액의 임차인들에게 구제의 방안으로 마련한 것이 최우선
변제금이다. 소액보증금의 범위 안의 금액으로 계약한 임차인에게는
순위에 상관없이 무조건 최우선변제금액을 제일 먼저 배당에 참여할
수 있게 해주었다.

즉, 서울소재 주택에 근저당이 2016년 4월에 설정되고, 같은 해 5월에 임차인이 임대보증금을 1억 원 이하에 임대차계약을 하고 전입했는 데 경매로 진행된다면 다른 권리에 비해 아무리 늦더라도 3,400만 원을 최우선으로 배당해준다. 여기에서 보증금 액수가 1억 원에서 단 1원이라도 넘는다면 순위에 따라 배당에 참여할 수 있을 뿐, 최우선적으로 3,400만 원을 배당받지 못하게 되므로 유의해야 할 사항이다.

매각물건 분석 시 임차인이 최우선변제금을 받을 수 있는지, 받는다면 얼마나 배당이 되는지 정도는 파악해야 한다. 보증금 전부를 배당받는 사람과 일부를 배당받는 사람, 한 푼도 못 받는 사람의 명도에 대한 저항이 다르기 마련이며, 그에 따른 명도의 대처 방법도 달라지기 때문이다.

시기	지역 구분	소액보증금 범위	최우선변제금
2001.09.15 ~ 2008.08.20	수도권 중 과밀억제권역	4,000만 원	1,600만 원
	광역시 (인천, 군 제외)	3,500만 원	1,400만 원
	그 밖의 지역	3,000만 원	1,200만 원
2008.08.21 ~ 2010.07.25	수도권 중 과밀억제권역	6,000만 원	2,000만 원
	광역시 (인천, 군 제외)	5,000만 원	1,700만 원
	그 밖의 지역	4,000만 원	1,400만 원

2010.07.26 ~ 2013.12.31	서울특별시	7,500만 원	2,500만 원
	수도권 (서울 제외)	6,500만 원	2,200만 원
	광역시	5,500만 원	1,900만 원
	기타지역	4,000만 원	1,400만 원
2014.01.01 ~ 2016.03.30	서울특별시	9,500만 원	3,200만 원
	수도권 (서울 제외)	8,000만 원	2,700만 원
	광역시	6,000만 원	1,500만 원
	기타지역	4,500만 원	1,500만 원
2016.03.31 ~ 현재	서울특별시	1억 원	3,400만 원
	수도권 (서울 제외)	8,000만 원	2,700만 원
	광역시	6,000만 원	2,000만 원
	기타지역	5,000만 원	1,700만 원

1) 최우선변제금을 받기 위한 조건

① 경매개시결정일 이전에 전입신고를 해야 한다.

어떤 부동산에 경매가 진행되고 있는지 등기부등본을 보면 알 수 있음에도, 그런 집에 임대차계약을 맺는다는 것은 정상적으로 볼 수 없다. 실상 임차인도 아니면서, 배당을 받기 위해 집주인과 통정해서 악용되는 것을 막기 위해 경매 등기가 경료된 이후 전입한 임차인은 최우선변제대상에서 제외한다. 이런 규정을 두지 않고 모든 경우를 인정한다면 사회보장제도가 오히려 채권자에게 손해를 미치는 결과가 되기 때문에 제한하는 것이다. 참고로 확정일자는 최우선변제금을 받기 위한 필수요소가 아니다.

② 임차인은 배당신청을 해야 하며, 법원에서 정한 배당요구종기일 전에 신고를 마쳐야 한다.

권리 행사를 위한 최소한의 행위이다. 법원이 알아서 챙겨주지 않으니 세입자라면 자신의 권리는 자신이 찾아야 한다. 임차인이 정해진 기한 내에 배당 요구를 해야만 배당에 참여할 수 있다는 점을 명심해야 한다.

2) 시기

소액보증금 범위의 기준이 되는 '시기'는 임차인의 전입 시기가 아니라 최초 근저당설정 시기를 말한다. 그 예로 해당 서울 소재 주택에 ○○은행에서 2012년 10월 15일에 근저당을 설정했고, 임차인이 2014년 7월 10일에 전입하여 확정일자를 받았다면 소액보증금 범위의 기준은 9,500만 원이 아니라 7,500만 원이 된다.

3) 보장 한도

낙찰금액의 $\frac{1}{2}$ 범위 내에 한한다. 즉, 2016년 5월에 최초 근저당이 설정된 서울 소재 주택에 같은 해 6월 1억 원 이하의 보증금으로 임차하고, 대항력과 확정일자를 갖췄다면 경매진행 시 최우선으로 3,400만 원을 배당받아야 한다. 그러나 만약 주택이 6,000만 원에 낙찰되었다면, 낙찰금액의 $\frac{1}{2}$인 3,000만 원까지 최우선 배당된다.

4) 주택임대차보호법의 적용대상

건축물관리대장 등재 여부와 관계없이 주거용으로 인정될만한 충분한 요건을 갖추고 있으면 무허가, 미등기 건축물과 관계없이 적용된다. 또한 건축당시 주거용으로 승인을 받지 않았더라도 실제 주거용으로 사용하고 있다면 이 법의 적용대상이 된다.

5) 상가에 적용되는 임대차보호법

상가건물의 임차인도 일정한 요건을 갖추면 주택임차인과 같은 대항력이 생기고, 보증금 중 일정액을 우선변제 받을 수 있도록 2002년 11월부터 시행되고 있다. 다만, 주택임대차보호법과는 달리 대통령령으로 정하는 보증금액을 초과하는 임대차는 보호 대상으로 적용되지 않는다. 즉 주택은 보증금의 한도 없이 대항력만 있다면 전액 보장의 대상이 되지만, 상가는 보증금이 일정 한도를 넘으면 보호의 대상이 되지 않는다.

시기	지역 구분	환산보증금 범위 (보증금+월세x100)	우선변제 적용범위 (보증금)	최우선변제금
2002.11.01 ~ 2008.08.20	서울특별시	2억4,000만 원	4,500만 원	1,350만 원
	과밀억제권역 (서울제외)	1억9,000만 원	3,900만 원	1,170만 원
	광역시, 안산시, 용인시, 김포시 및 광주시	1억4,000만 원	3,000만 원	900만 원
	기타지역	1억4,000만 원	2,500만 원	750만 원
2008.08.21 ~ 2010.07.25	서울특별시	2억6,000만 원	4,500만 원	1,350만 원
	과밀억제권역 (서울제외)	2억1,000만 원	3,900만 원	1,170만 원
	광역시, 안산시, 용인시, 김포시 및 광주시	1억6,000만 원	3,000만 원	900만 원
	기타지역	1억5,000만 원	2,500만 원	750만 원
2010.07.26 ~ 2013.12.31	서울특별시	3억 원	5,000만 원	1,500만 원
	과밀억제권역 (서울제외)	2억5,000만 원	4,500만 원	1,350만 원
	광역시, 안산시, 용인시, 김포시 및 광주시	1억8,000만 원	3,000만 원	900만 원
	기타지역	1억5,000만 원	2,500만 원	750만 원
2014.01.01 ~ 현재	서울특별시	4억 원	6,500만 원	2,200만 원
	과밀억제권역 (서울제외)	3억 원	5,500만 원	1,900만 원
	광역시, 안산시, 용인시, 김포시 및 광주시	2억4,000만 원	3,800만 원	1,300만 원
	기타지역	1억8,000만 원	3,000만 원	1,000만 원

① 대항력 발생 시기

상가의 대항력은 건물의 인도와 사업자등록을 신청한 때, 그다음 날부터 효력이 생긴다.

② 환산보증금

주택임대차는 차임을 보증금에 합산하지 않으나 상가임대차는 차임에 100배를 합산한다.

즉 환산보증금 = 보증금 + (월세×100)만 원이다.

(예) 보증금 5,000만 원에 월 50만 원의 차임을 지급하고 있다면,
    환산보증금 = 5,000만 원 + (50×100)만 원= 1억이 된다.

③ 상가임대차보호법의 적용대상

소득세법, 부가가치세법, 법인세법에서 사업자등록 대상이 되는 상가건물, 사무실 등에 적용된다(단, 종교, 자선단체, 친목모임 등의 사무실엔 적용되지 않는다).

6

경매의 시작,
등기부등본 제대로 보기

등기부등본은 표제부와 갑구, 을구로 나누어져 있다.

- 표제부 : 토지나 건물의 소재지, 용도, 구조 등 기재

- 갑구 : 소유권에 관한 사항

소유자 변동사항과 소유권에 제약을 가하는 사항을 기재하는데, 소유권보존등기, 소유권의 변동사항, (가)압류, 가처분, 경매 신청, 예고등기, 환매등기 등이 기재되며, 이러한 권리관계의 변경, 소멸에 관한 사항도 기재된다.

- 을구 : 소유권 이외의 권리에 관한 사항

저당권, 전세권, 지역권, 지상권 등의 설정 및 변경, 이전, 말소 등기가 기재된다. 각 권리를 등기소에 접수하게 되면, 등기 목적과 접수 날짜, 등기원인, 권리자 및 기타사항과 순위 번호가 기재된다. 등기 날짜 순으로 등기부에 기재가 되는데, 여기서 특정 권리에 변동 사항이 생

기면 순위 번호에 부 번호가 붙는다. 즉, 순위번호 1이 가압류에 관한 사항이 기재되었을 때, 그 가압류에 변동사항이 생기면 1-1로 기재된다. 또다시 그 가압류에 변동사항이나 관련 내용이 생기면 1-2 이런 식으로 부 번호가 붙는다. 부 번호가 붙은 권리는 본 번을 찾아 최초 권리의 내용을 파악하면 된다.

등기부등본 (말소사항 포함) – 집합건물

[집합건물] 서울특별시 강남구 일원동 ○○번지 ○○아파트 ○○○호　　　　고유번호 1144-000-000000

【 표 제 부 】		(1동의 건물의 표시)		
표시번호	접 수	소재지번, 건물명칭 및 번호	건물내역	등기원인 및 기타사항
1 (전 1)	1999년 7월 21일	서울특별시 강남구 일원동 ○○번지 ○○아파트 ○○동 ○○호	철근콘크리트조 슬래브지붕 5층 공동주택(아파트) 1층 405.12mm² 2층 402.68mm² 3층 402.68mm² 4층 402.68mm² 5층 402.68mm²	도면편철장 제1책 제370호
				부동산등기법 제177조 6 제1항의 규정에 의하여 2001년 01월 30일 전산이기

열람일시 : 2016년 03월 30일 오전 8시 31분 27초　　　1/4

【 갑 구 】		(소유권에 관한 사항)		
순위번호	등기목적	접수	등기원인	권리자 및 기타사항
1 (전 1)	소유권 보존	1999년 7월 21일 제37761호		소유자 김 OO 560112-2****** ~~서울 동대문구~~ ~~장안동 12-5~~
				부동산등기법 제177조 6 제1항의 규정에 의하여 2001년 01월 30일 전산이기
1-1	1번등기명 의인표시 변경		2000년 10월 14일 전거	김 OO의 주소 서울 광진구 중곡동 540-2 2002년8월11일 부기
2	소유권 이전	2004년 5월 21일 제45193호	2004년 4월 11일 매매	소유자 박 OO 740215-1****** 서울 성북구 석관동 155-82
3	가압류	2010년 11월 13일 제32083호	2010년 11월 13일 서울중앙지방 법원의 가압류 결정 (2010카단73404)	청구금액 금 15,320,000 원 채권자 서울보증보험(주) 110111- OOOOOOO 서울특별시 종로구 연자동 136-72 (강남신용지원단)

순위번호	등기목적	접수	등기원인	권리자 및 기타사항
4	가압류	2011년 1월 25일 제42537호	2011년 1월 25일 대전지방법원의 가압류 결정 (2011 카단74556)	청구금액 금 55,800,000원 채권자 대박나라(주) 110334-OOOOOOO 대전시 동구 가오동 658
5	임의경매 개시결정	2011년 6월 3일 제32083호	2010년 11월 13일 서울중앙지방법 원의 임의경매개시 결정 (2011 타경36558)	채권자 OO은행 1100000- OOOOOOO 서울 종로구 공평동 244-51 (여신관리부)

【 을 구 】	(소유권 이외의 권리에 관한 사항)			
순위번호	등기목적	접수	등기원인	권리자 및 기타사항
1	근저당권설정	2005년 2월 22일 접수번호 25571호	2005년 2월 22일 설정계약	채권최고액 84,000,000원 채무자 박○○ 서울 성북구 석관동 155-82 근저당권자 주식회사 ○○○은행 1100000- 0000000 서울 종로구 공평동 100
2	근저당권설정	2007년 4월 8일 제33341호	2007년 4월 8일 설정계약	채권최고액 5,000,000원 채무자 박○○ 서울 성북구 석관동 155-82 근저당권자 정 ○○ 660123- 2000000 경기 양주시 덕정동 201-49

이제 등기부등본의 각 권리(소유권 제외)들을 날짜 순서대로 정리 해보자. 등기부등본의 갑구와 을구 사항을 순서대로 나열하면 되는데, 갑구와 을구 합쳐서 시간순으로 하면 된다. 만약 같은 날짜라면 접수번호가 빠른 것이 선순위 권리가 된다. 이 기본사항에 임차인의 권리신고 사항을 바탕으로 추가하여 배당순서를 정한다.

순서	설정일	권리 종류	금액	권리자
1	2005.02.22	근저당	8,400만 원	주식회사○○○은행
2	2007.04.08	근저당	500만 원	정○○
3	2010.11.13	가압류	1,532만 원	서울보증보험㈜
4	2011.01.25	가압류	5,580만 원	대박나라㈜
5	2011.06.03	임의경매 개시결정		

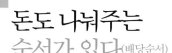

돈도 나눠주는
순서가 있다 (배당순서)

경매로 부동산이 매각되면, 낙찰금액 내에서 정해진 순서에 따라 배당한다. 말소되지 않는 몇 가지 권리 외에는 (대항력 있는 임차인, 말소가 안 되는 후순위가처분 등) 배당금액에 상관없이 모두 소멸한다. 배당을 전액 받든, 일부를 받든, 1원도 못 받든 전부 말소가 된다는 말이다. 0순위인 경매집행 비용은 무조건 제일 먼저 집행하는 비용으로 감정평가 비용, 경매진행 비용 등이 포함되는데, 매각물건의 진행이 몇 년 동안에 걸쳐 많은 유찰을 하지 않는 한 대부분 2~300만 원 선을 넘지 않으니 크게 신경 쓰지 않아도 된다.

1) 필요비와 유익비 필요비는 부동산의 관리, 보존 등 현상유지를 위하여 임차인, 제3 취득자, 점유자 등이 지출한 비용을 말하는데, 지출한 비용이 경미한 수선/유지/관리 등을 위한 비용은 인정되지 않는다.

순위	구분	권리 종류
0	경매집행비용	경매집행에 따른 비용
1	필요비, 유익비	경매목적부동산에 투입된 필요비, 유익비
2	소액보증금 임금채권	임대차보호법에 의한 보증금 중 일정액 근로기준법에 의한 근로자 임금채권 (3개월 치 임금, 3년분 퇴직금 등) 재해보상금
3	당해세	경매목적부동산 자체에 부과된 국세와 지방세
4	담보물권	확정일자부 임차인의 보증금 담보물권 : 근저당, 담보가등기, 전세권, 임차권
5	일반 임금채권	2순위 변제 후 잔여금액
6	조세채권	담보물권보다 늦은 후순위 조세채권
7	공과금	건강보험료, 국민연금, 산재보험료 등
8	일반채권	가압류, 가처분 등의 일반채권

유익비는 필요비의 요건을 만족해야 하며, 유익비의 지출로 목적부동산의 객관적 가치가 증가해야 한다. 실무에서는 배당 요구하거나 문제가 되는 경우 또한 거의 없다.

2) **임금채권** 배당에서 인정되는 금액은 최종 3개월분 임금과 최종 3년간의 퇴직금 및 재해보상금으로 금액은 제한이 없으므로 조심해

야 한다. 임금채권은 등기부등본 갑구에 기재되는데 가압류권자에 근로복지공단으로 기재된 경우에는 꼭 확인해야 한다. 소액임차인의 최우선 변제금과 임금채권은 동 순위로 인정되어 같이 배당을 신청했을 때는 안분배당한다. 그러므로 소액임차인과 같이 배당을 신청했을 때에는 임차인의 배당금이 줄어들 수 있으므로 이때는 해당 경매계에 전화해서 체불 임금이 얼마인지 꼭 확인한다.

3) **당해세** 경매 목적부동산에 부과된 세금으로 국세, 지방세가 있는데 국세로는 상속세, 종합부동산세, 증여세가 있고, 지방세로는 종합토지세, 재산세, 도시계획세 등이 있다.

4) **담보물권** 물권 간 순위에 따라 순차적으로 배당된다.

5) **조세채권** 여기서 말하는 조세채권은 담보물권보다 늦은 조세채권을 말하는 것이며, 담보물권보다 법정기일이 빠르다면 담보물권보다 우선하여 배당 받는다. 그러나 실무에서는 주택을 담보로 대출해줄 때는 국세와 지방세를 체납한 사실이 없어야만 대출을 해준다. 따라서 은행에서 설정한 담보물권보다 앞서는 조세채권은 거의 없지만, 혹시라도 배당을 요구한 내역에 세금 관련한 사항이 있다면 언제 발생한 것인지 확인해 보는 것이 좋다. 참고로 대항력있는 임차인이 없다면 아무 문제도 되지 않는다.

6) **일반채권** 각 채권 간 발생 시기에 상관없이 금액에 따라 안분배당된다.

8

물권과 채권,
배당은 어떤 권리가 먼저일까

1) 물권과 채권의 특징

물권은 특정한 물건을 직접적으로 지배할 수 있는 권리로써 재산권이고 대물권이라 하며, 채권은 특정인의 행위를 그 객체로 하며 대인권이라고 부른다.

구분	물권	채권
개요	물건을 사용, 수익, 처분이 가능 법적으로 8가지만 인정	물권 이외의 모든 대가성 관계
종류	점유권, 소유권, 지상권, 지역권, 전세권, 저당권, 유치권, 질권	근로계약, 물건의 판매, 금전의 임차 등 물권 이외의 모든 거래 관계
권리	누구에게나 주장 가능	채권자, 채무자 당사자 사이만 인정

양수, 양도	의무자의 동의 없이 가능	의무자의 동의 없이 양수, 양도 불가능
우선변제권	있음	없음

위의 표처럼 누구에게나 주장이 가능한 물권은 채권보다 강력한 효력을 가지므로 권리자와 의무자를 제외한 제3자의 보호를 위하여 공시해야 하며, 일반적으로 등기부등본에 기재함으로써 공시 효과를 본다.

2) 물권과 채권의 배당순서

세금관련 채권은 성립한 날에 따라 물권보다 먼저 배당될 수도 있으므로, 세금관련 채권은 배제하고 일반 채권 기준으로 설명하겠다.

물권과 채권의 배당에 대한 내용은 3가지 사실만 기억하면 된다.

첫째, 물권과 물권은 먼저 성립한 권리가 우선 배당된다.

둘째, 채권과 채권은 동등하게 안분배당된다.

셋째, 물권은 채권에 우선하므로 물권이 채권보다 먼저 설정되었다면 물권을 전액 배당 후 채권에 배당된다. 그러나 채권이 먼저 설정되었다면 서로 우선변제를 주장할 수 없게 되어, 물권과 채권은 안분배당 된다. 다음의 7가지 배당순서만 이해하자.

① 물권1 – 물권2 의 배당 = 물권1 전액 배당 → 물권2 전액배당

풀이 : 물권은 먼저 성립한 것에 우선 배당

② 채권1 – 채권2의 배당 = 채권1과 채권2를 안분배당

풀이 : 채권은 우선변제권이 없으므로 안분배당

③ 물권1 – 채권1의 배당 = 물권1 전액 배당 → 채권1 배당

풀이 : 물권에 우선변제권이 있으므로

④ 채권1 – 물권1의 배당 = 채권1과 물권1을 안분배당

풀이 : 물권에 우선변제권이 있으나, 채권에 순위가 늦으므로 서로 우선변제를 주장하지 못한다. 그러므로 금액에 따라 같은 비율로 안분배당한다.

⑤ 물권1 – 물권2 – 채권1 의 배당 = 물권1 전액 배당 → 물권2 전액배당 → 채권1 배당

풀이 : 물권은 먼저 성립한 것이 우선하므로, 순차적으로 배당한다.

⑥ 물권1 – 채권1 – 물권2 의 배당 = 물권1 전액 배당 → 채권1과 물권2를 안분배당한다.

풀이 : 물권1은 우선변제권이 있고 선순위 이므로 먼저 배당하고, 채권1과 물권2는 ④와 같은 상황이 되어 안분배당한다.

⑦ 물권1 – 채권1 – 물권2 – 채권2 의 배당

= 1차 : 물권1 전액 배당 → 채권1, 물권2, 채권2를 안분배당한다.

= 2차 : 물권2는 채권2의 금액에서 흡수배당한다.

풀이 : 물권1은 우선변제권도 있고, 가장 빠르므로 제일 먼저 전액 배당한다. 물권2는 채권1보다 늦고 채권1과 채권2가 동 순위이므로

세 권리가 서로 우선권을 주장하지 못한다. 따라서 채권1, 물권2, 채권2와 안분배당한다. 그런데 물권2는 채권2보다 우선권이 있으므로, 1차 때 채권2에 배당됐던 금액에서 만족할 때까지 흡수(뺏어)하여 배당된다. 다른 사항은 모두 배제하고 물권과 채권의 관계만으로 배당해보자.

예제 1) 물권-채권-채권의 배당. 낙찰가 1억3,000만 원

설정일	권리 종류	설정 금액
2010.02.11	갑 근저당	1억 원
2012.12.21	을 가압류	2,000만 원
2013.04.25	병 가압류	3,000만 원

풀이

1. 갑 근저당 = 1억 원 배당

2. 을 가압류=3,000만 원×(2,000만 원/5,000만 원)=1,200만 원 배당

   병 가압류=3,000만 원×(3,000만 원/5,000만 원)=1,800만 원 배당

물권이 먼저 성립하고 채권이 후 순위이므로 물권 먼저 전액 배당 후 나머지 3,000만 원으로 각 채권을 금액에 따라 비율로 배당(안분배당)한다. 채권은 성립시기에 상관없이 동등한 순위로 배당된다.

예제2) 채권-물권-채권의 배당. 낙찰가 8,000만 원

설정일	권리 종류	설정 금액
2012.02.15	갑 가압류	2,000만 원
2012.04.21	을 근저당	4,000만 원
2013.05.07	병 가압류	4,000만 원

풀이

1. 갑 가압류 = 8,000만 원×(2,000만 원/1억 원) = 1,600만 원

   을 근저당 = 8,000만 원×(4,000만 원/1억 원) = 3,200만 원

   병 가압류 = 8,000만 원×(4,000만 원/1억 원) = 3,200만 원

2. 을 근저당 = 1차에서 배당되지 않은 800만 원을 병의 배당금에서 흡수한다.

   병 가압류 = 3,200만 원-8,00만 원=2,400만 원

3. 최종적으로 갑 가압류는 1,600만 원, 을 근저당은 4,000만 원, 병 가압류는 2,400만 원이 배당된다.

갑의 가압류가 을의 근저당보다 앞서고, 갑과 병은 동 순위이기 때문에 갑, 을, 병 서로 우선변제를 주장하지 못하므로 1차로 갑=을=병으로 안분배당한다. 그 후 을의 근저당(물권)은 병의 가압류(채권)에 우선하기 때문에, 을의 부족분을 병의 배당금에서 흡수해서 충당한다.

9

임차인의 배당금은
얼마나 될까 (실전 배당문제)

각 문제들로 실제 배당순서와 금액을 계산해보자.

(등기부등본을 보고 각 권리들의 순서를 정한 사항이라 가정)

예제1) 서울소재 아파트

1. 근저당 2011년 3월 2일 ○○은행 9,600만 원

2. 근저당 2012년 5월 26일 박○○ 1,200만 원

3. 가압류 2014년 10월 11일 ○○주식회사 2,000만 원

4. 가압류 2015년 3월 19일 김○○ 3,000만 원

　　- 임차인 이○○ 2013년 05월 09일 전입, 확정 6,000만 원

　　- 경매집행비용 200만 원

　　- 낙찰가 1억6,000만 원

풀이

최초 근저당 설정일이 2011년 3월 2일이므로 임차인은 대항력이 없다. 최우선 변제금의 기준일은 이 근저당 설정일이 되며, 이 근저당이 말소기준권리가 된다.

배당순서

1억6,000만 원(낙찰가)

- 200만 원(경매집행비용)

- 2,500만 원(임차인 최우선변제금)

- 9,600만 원(근저당권자 ○○은행)

- 1,200만 원(근저당권자 박○○)

- 2,500만 원(임차인)

권리자	권리 종류	최종배당금	미 배당금
집행법원	집행비	200만 원	
○○은행	근저당	9,600만 원	
박○○	근저당	1,200만 원	
이○○	임차인	5,000만 원	1,000만 원
○○주식회사	가압류		2,000만 원
김○○	가압류		3,000만 원

임차인은 1,000만 원을 배당받지 못하고, 가압류권자들은 배당금부족으로 한 푼도 배당받지 못하고 말소된다.

예제2) 경기도 소재 아파트

1.근저당 2011년 08월 12일 ○○은행 8,000만 원

2.가압류 2014년 05월 21일 ○○주식회사 2,000만 원

3.가압류 2014년 06월 07일 박○○ 3,000만 원

- 임차인 송○○ 2012년 05월 09일 전입, 확정 4,000만 원

- 경매집행비용 200만 원

- 낙찰가 1억5,000만 원

풀이

최초 근저당 설정일이 2011년 8월 12일이므로 임차인은 대항력이 없다. 최우선 변제금의 기준일은 이 근저당 설정일이며 말소기준권리가 된다.

배당순서

<u>1차</u>

1억5,000만 원(낙찰가)

- 200만 원(경매집행비용)

- 2,200만 원(임차인 송○○ 최우선변제금)

- 8,000만 원(근저당권자 ○○은행)

- 1,800만 원(임차인 송○○)

= 2,800만 원(잔액)

2차

○○주식회사 = 2,800만 원 × (2,000만 원/5,000만 원) = 1,120만 원

박○○ = 2,800만 원 × (3,000만 원/5,000만 원) = 1,680만 원

권리자	권리 종류	최종배당금	미 배당금
집행법원	집행비	200만 원	
○○은행	근저당	8,000만 원	
송○○	임차인	4,000만 원	
○○주식회사	가압류	1,120만 원	880만 원
박○○	가압류	1,680만 원	1,320만 원

10

임대차보호법에서
주의해야 할 사례 (Q&A)

1) 임차권등기명령에 의해 주택임차권이 등기된 주택도 최우선변제의 대상이 될 수 있는가?

　최우선변제금은 배당되지 않는다. 보증금을 환급받지 못한 상태에서 임차인이 집을 비울 경우, 임차인과 그 외 제 3자의 보호를 위하여 해당 주택에 보증금을 돌려받지 못한 임차인이 존재한다는 경고의 의미로 등기부등본에 주택임차권을 설정한다. 그러므로 주택임차권이 설정된 이후의 임차인은 보호대상에서 제외된다. 단지 순위에 따라 배당에 참여할 수 있을 뿐이다. 주택임차권은 등기부등본상에 기재되므로 임대차계약 시 등기부등본을 반드시 확인해야 한다.

2) 미등기, 무허가 건물도 임대차보호법의 보호대상이 되는가?

　주택임대차보호법상의 주거용 건물은 공부상으로 판단할 것이 아니고 건물의 용도, 실제 이용관계, 주변 상황 등으로 실제적으로 판단해야 한다. 따라서 미등기 건물이나 무허가 건물이라 하더라도 실제 거주 목적으로 사용되고 있다면 임차인의 보증금은 보호받을 수 있다.

3) 세대합가의 경우 대항력 발생 시기는?

임대차계약 후 사정상 임차인의 가족이 먼저 전입하고, 이후에 계약당사자인 임차인이 전입하였을 때, 이를 세대합가라 한다. 대항력의 발생 시기는 가족 중 먼저 전입한 날이 기준이 되므로 세대합가 물건은 조심해야 한다.

4) 임차인이 법인(회사)이면 주택임대차보호법의 보호대상이 되는가?

법인(회사)이 사원주택으로 사용하기 위하여 회사 명의로 임차하고 소속직원이 입주, 전입신고를 하였더라도 대항력이 인정되지 않는다. 대부분 저당권이나 전세권을 설정하고 있다.

5) 대항력과 확정일자를 갖춘 선순위 임차인이 배당요구 종기일 이후에 권리신고를 했다면?

배당에서 제외되고 대항력 있는 임차인으로 남아 매수인이 전액 인수해야 한다.

6) 친, 인척 간 임대차도 인정이 되는가?

형제 간, 성년의 부자지간, 처남, 동서, 사위 및 친인척 간의 임대차는 실체적이고 구체적인 상황에 따라 인정되는 때도 있다. 그러나 부부 사이, 부모와 미성년 자녀 간, 부모가 자식 집에 세 들어 사는 경우는 우리나라의 사회 통념상 용납되지 않다. 따라서 임대차도 인정되지 않는다. 단, 부부가 함께 거주하다가 이혼하여 임대차계약을 체결한 때에는 그 이혼이 허위가 아닌 이상 이혼한 날로부터 임대차계약이 성립된다.

7) 외국인도 주택임대차보호법의 대상이 되는가?

출입국관리법 규정에 따라 출입국관리소에 신고하면 외국인 및 재외동포도 보호의 대상이 된다. 매각물건 주소에 전입세대가 없다고 안심하면 안 된다. 만약에 출입국관리소에 신고한 선순위 임차인 외국인이 있다면 낙찰자가 인수해야 할 수도 있다. 외국인이 거주한다면 꼭 출입국관리소에서 확인해야 한다.

8) 매각물건 소유자가 낙찰자와 임대차 계약을 하고 계속 거주하는 경우의 대항력 발생 시기는?

전 소유자가 임차인이 되는 시점은 종전 주민등록일이 아니라 소유권 이전이 된 다음 날 0시로 본다. 따라서 소유권 이전과 동시에 근저당을 설정했다면 전 소유자의 대항력은 근저당권자보다 하루 늦게 발생한다. 주택임대차보호법에서 규정하는 대항요건 중 하나인 주민등록은 주택임차인으로서의 주민등록을 의미하는 것이지, 소유자로서의 주민등록을 의미하는 것이 아니기 때문이다.

9) 전대차의 경우 대항력 발생 시기는?

전대차(임차권양도양수계약)는 임대인의 동의 하에 임차인이 다른 제3자에게 다시 임차하는 것을 말하는데 보통 주택보다 상가에서 볼 수 있다. 세대합가의 경우 세대열람을 통해 확인 가능하나, 임대인의 동의 하에 전대차의 경우 확인할 방법이 없다.

유일한 방법은 다음과 같다. 낙찰받은 후 최고가매수인 상태에서 재판기록을 열람하여 현 후순위 임차인이 전대인의 대항력을 승계한 선순위 임차인으로 밝혀지면, 낙찰불허가신청을 통해 보증금을 회수해야 한다. 현황조사서나 매각물건명세서에 선순위 임차인일 가능성이 있다는 조건이 있다면, 날짜가 근저당설정일보다 늦다고 후순위라 단정 짓지 말고 철저히 조사해야 한다.

10) 미납관리비는 낙찰자가 지급해야 하나?

통상 공동주택(아파트, 연립주택 등)의 미납관리비 중 공용부분(청소비, 수선유지비, 경비비, 승강기유지비 등)은 낙찰자가 승계해야 하는 것으로 보고 있다. 그러므로 현장조사 시 관리사무소에서 미납관리비를 꼭 확인해야 한다. 요즘은 경매가 대중화되어 여느 관리사무소나 이 부분은 잘 알고 있어서 공용부분만 따로 얘기하는 곳도 많다. 연체된 전기료와 수도료는 해당 업체와 협의하면 승계하지 않아도 된다.

11) 토지와 건물에 대한 등기부상 최초 담보물권 등의 설정일이 다른 경우, 임차인의 대항력 판단 기준은?

이런 때에는 건물등기부만을 기준으로 임차인의 대항력 여부를 판단한다.

12) 다세대주택에 지번만 전입신고를 한 경우 대항력 인정 여부는?

다세대 주택은 통상 층과 호를 구분하여 표기하는데 150번지 3층 301호라 기재하지 않고, 150번지라고만 기재하여 전입신고를 한 경우에는 일반사회 통념상 임차인이 세대별로 구분등기가 되어있는 3층 301호에 주소를 가진 자로 등록되었다고 제 3자가 인식할 수 없다. 따라서 임대차의 공시방법으로서 유효하지 않아 대항력은 없는 것으로 본다.

13) 대항력 있는 임차인이 근저당권 설정 후 보증금을 증액한 경우?

임차인은 위의 근저당권을 근거로 하여 건물을 경락받은 소유자의 건물명도 청구에 대하여 증액 전 임차보증금을 상환받을 때까지 그 건물의 명도를 거부할 수 있을 뿐이고, 근저당권 설정등기 이후에 증액한 임차보증금으로는 경락자에게 대항할 수 없다.

14) 상가건물을 임차하였으나 후에 주거용으로 개조한 때에도 주택임대차보호법이 적용되나?

주택임대차계약 체결 당시를 기준으로 하여야 한다는 것이 대법원의 판례이다. 따라서 임대차계약 당시 주거용으로 사용하지 않았다면 보호대상이 될 수 없다. 그러나 임대인의 동의를 얻어 주거용으로 개조, 사용했다면 그 시점을 기준으로 주택임대차보호법이 적용된다.

15) 임차인 착오로 전입신고를 잘못하여 지번 표시가 다른 지번으로 전입되었다면 보호받을 수 있나?

임차인 착오로 전입신고 지번이 잘못된 것이라면 주택임대차보호법상 보호대상이 되지 않는다. 이는 제3자가 임대차계약의 존재를 알 수 있는 방법, 즉 공시되지 않았기 때문이다. 이럴 때는 실제 상황에 맞게 정정된 이후부터 보호대상이 된다.

16) 명의신탁자와 임대차계약 시 주택임대차보호법의 대상이 되는가?

등기부상의 명의수탁자와 다른 명의신탁자(사실상의 소유권을 행사하는 자)가 있는 경우, 명의신탁자와 임대차계약을 체결하였다면 그 임대차계약도 유효하고 주택임대차보호법에 의한 보호도 받을 수 있다.

PART
3

AUCTION

원하는 수익은
현장에서 결정된다

1

권리 상 함정은 서류로,
물건의 함정은
현장에서 파악한다

아파트는 대체로 내부를 보기 쉽고 큰 하자도 없는 편이
다. 매각물건이 아니더라도 옆 동이나 평면도를 보기만 해도 대충 구
조를 알 정도로 다른 주거용 건물보다는 현장조사가 수월하다. 하지만
그렇다고 현장 방문을 하지 않으면 자칫 낭패를 볼 수도 있다.

필자가 입찰했던 인천의 한 아파트는 1,000세대가량의 비교적 대단
지였다. 경매물건으로 나온 아파트는 앞쪽은 바닥의 평탄작업을 했지
만 뒤편은 언덕을 깎아서 평탄작업을 하지 않고 아파트를 지었다. 그
래서 아파트의 앞쪽에서 보면 1층으로 보이지만 아파트의 뒤쪽에서
보면 반지하로 보였다.

다세대 주택은 종종 지하나 반지하 물건도 많지만 대단지 아파트가
반지하라니, 처음 겪어보는 황당한 경험이었다. 이 아파트는 같은 1층
이라도 다른 동의 1층보다 거래도 쉽지 않으며, 가격도 저렴하게 거래

되니 현장조사를 제대로 안 하면 낭패를 보게 된다. 이 경우는 현장을 방문하지 않고는 절대로 알 수 없다. 따라서 제대로 된 현장조사가 얼마나 중요한지 보여주는 사례라 할 수 있다.

토지는 건물보다 현장조사의 중요성이 더 강조된다. 필자가 물건을 검색하던 중 감정가의 30%까지 떨어진 토지가 있었다. 사진상으로는 정사각형의 모양으로 도로에 접해있다. 땅 모양도 괜찮고 지역도 좋았으며 크기도 마음에 들었다. 그런데, 특수권리가 있는 물건도 아니었는데 낙찰 후 잔금을 3번이나 미납했다. 토지의 개발 가능성이나 미래성은 차치하더라도 너무 저렴했고, 너무나도 괜찮은 모습의 토지가 왜 그렇게 많은 미납자를 만들었는지 궁금했다. 도대체 서류와 사진만으로는 판단되지 않았다. 필자는 현장으로 달려갔다. '무슨 문제가 있는 것일까?'

매각 토지에 차에서 내려 약 10분 정도 걸어서 도착했다. 현장에 도착하기도 전에 필자는 매각 토지의 문제점을 파악했다.

가축의 분뇨 냄새가 코를 심하게 찔렀다. 토지의 근처 어딘가 보이지도 않는 곳에 대규모 축사가 있었던 것이다. 가을이 끝나갈 무렵에 그 정도로 냄새가 난다면 여름엔 더 심할 것이었다. 개발 호재가 있지 않은 이상, 이 땅은 매도가 쉽지 않다. 본인이 농사를 짓지 않는다면 언제 매도가 될지도 모른 채 장기보유해야만 한다.

평택 집값이 한참 오르던 때 다세대 주택이 저렴하게 나온 적이 있

었다. 사진상으로는 벽면에 물 흐른 자국도 없고, 그리 낡아 보이지도
않았다.

'왜 이렇게 많이 떨어졌을까?'

'외진 곳이라 감정가가 너무 높게 잡혔나?'

이럴 땐 난감해진다. 겉으로 보기엔 멀쩡해 보이는데, 감정가 대비
최저 입찰가가 너무 떨어졌다. 1층인 그 집을 둘러보니 집안이 온통 커
튼으로 쳐져서 내부가 보이지 않았다. 혹시나 하는 마음에 초인종을
눌렀으나 아무 대꾸도 없었다. 위층을 구경하려고 2층에 가서 초인종
을 눌러도 양쪽 모두 아무 소리도 나지 않았다. 3층 역시나 그랬다. 다
시 1층 해당 집으로 가서 마지막이란 생각에 초인종을 눌렀다.

약간의 시간이 지나고 문이 열리는 소리가 들렸다. 20대 초반으로
보이는 젊은 남자가 열린 문 사이로 얼굴을 내밀었다. 집에 있었는데
게임을 하느라 초인종 소리를 못 들은 것이었다. 집이 경매로 나와서
왔다고 하니 망설임도 없이 들어오란다.

'어, 너무 쉽게 들어오라고 하네?'

안으로 들어가 보니 창문마다 커튼이 쳐져 있고 거실만 불이 켜져
있어서 전체적으로 어두웠다. 부모님은 일을 나가셨다고 했다.

자세히 둘러보라며 방 불을 모두 켜준다. 안방으로 들어오라더니 장
판을 들췄다.

'헉, 이건 뭐야!'

바닥에 습기가 찬 정도가 아니라 물이 흐르고 있었다. 물이 너무 많아 신문지를 몇 겹으로 장판 밑에 깔았지만, 그마저 흠뻑 젖어 있었다. 집안 모두가 그런 상황이라고 했다.

"어디서 물이 생기는 지도 모르겠고, 집 주인은 고쳐주지도 않고 있어요. 부모님이 이사를 하려 해도 세를 들어온다는 사람이 없어, 보증금을 못 돌려받아 아직 못 나가고 있어요."

집주인에게 공사를 요청했으나 계속 시일이 미뤄져서 다른 집을 구해 나간다 했더니 보증금을 다 써서 현재는 돈이 없고 세 들어오는 사람에게 받아서 준다 했단다. 그렇게 시간만 흐르고 있는 것이었다. 잘 해결되길 바란다는 말을 남기고 얼른 집을 나왔다. 1,500만 원의 보증금을 돌려받지 못해 그런 환경에서 잠을 자야 하는 세입자가 안타깝기만 했다.

나중에 입찰기일이 지나고 결과를 봤더니, 역시나 낙찰자가 미납했다. 아마도 시세보다 많이 저렴하다는 생각에 입찰했을 텐데, 투입될 보수비용을 생각하니, 잔금을 미납하고 입찰보증금을 포기하는 것이 나으리라 여겼을 것이다.

이렇듯 매각물건을 현장에서 제대로 파악하지 않으면 낭패를 당하기 쉽다. 권리상 함정은 서류로 파악하고 물건의 함정은 현장에서 파악해야 한다. 올바른 권리분석 후 철저한 현장조사가 이루어졌을 때 원하는 이익을 얻을 수 있음을 명심 또 명심해야 한다.

2
모든 수익 판단의 열쇠는
현장조사에 있다

경매는 물건 분석을 시작으로 현장조사, 입찰, 낙찰, 명도
의 순으로 진행된다. 가장 기본이 되는 것은 역시 물건분석인데,
여기엔 권리분석도 포함된다. 매각명세서와 등기부등본을 보며, 대략
적으로 이 물건이 수익이 날 수 있는지 판단하게 된다. 어느 정도 수익
을 낼 수 있다는 생각이 들면 그 생각이 맞는지 확인 차 또는 필요한 정
보를 얻기 위해 현장조사를 하게 된다.

　이때의 현장조사는 무척 중요하다. '모든 해답은 현장에 있다.'라는
대사가 범죄 수사를 다룬 영화들에 심심치 않게 나오는 것처럼, 부동
산 경매도 마찬가지이다. 부동산의 위치, 소유자, 권리관계, 채무관계
등 기초적인 것은 부동산 등기부등본에 나오지만, 눈에 보이지 않는
거주자, 소유자와 거주자의 관계, 부동산의 상태 등은 현장에서 확인해
야만 한다.

2010		매각기일 :		경매12계 031-210-1272
소재지	(163-19) **경기도 수원시** [도로명주소] 경기도 수원시			
현황용도	아파트	채권자	감정가	150,000,000원
대지권	27,632㎡ (8.36평)	채무자	최저가	(80%) 120,000,000원
전용면적	49.56㎡ (14.99평)	소유자	보증금	(10%) 12,000,000원
사건접수	2010-10-01	매각대상	토지/건물일괄매각	청구금액	204,775,631원
입찰방법	기일입찰	배당종기일	2010-12-13	개시결정	2010-10-04

기일현황

회차	매각기일	최저매각금액	결과
신건		150,000,000원	유찰
2차		120,000,000원	매각
	/입찰7명/낙찰128,890,000원(86%)		
	20	매각결정기일	허가
	배당종결된 사건입니다.		

감정평가현황 ▶ (주)가람감정 , 가격시점 : 2010-10-11 [시세] [실거래가] [전월세] [감정평가서]

토지	건물	제시외건물(포함)	제시외건물(제외)	기타(기계기구)	합계
60,000,000원	90,000,000원	x	x	x	150,000,000원

〈매각물건 현황〉

대지권현황 [토지이용계획/공시지가] [부동산정보 통합열람]

	지번	용도	대지권비율	면적	감정가격	비고
1		대지권	18,056㎡ 분의 27.63㎡	27	60,000,000원	
기타	초등학교 북서측 인근에 위치 / 인근은 대규모아파트지대로 주변환경은 양호 / 단지 내·외로 차량의 진·출입이 가능 / 제3종일반주거지역					

임차인현황 ▶ 건물소멸기준 : 2006-12-01 | 배당종기일 : 2010-12-13 [매각물건명세서] [예상배당표]

순위	성립일자	권리자	권리종류(점유부분)	권리금액	신고	대항	참조용 예상배당여부 (최저가 기준)
1	전입 20 확정 없음 배당 20		주거임차인 방1칸	【보】 35,000,000원 【월】 300,000원	○	없음	임대
임차인이라고 하는			의 아들임.				

건물 등기 사항 ▶ 건물열람일 : 2011-01-27 [등기사항증명서]

구분	성립일자	권리종류	권리자	권리금액	상태	비고
갑3	20	소유권			이전	매매
갑4	20	소유권		(거래가)108,000,000원	이전	매매
을5	20	(근)저당		54,000,000원	소멸기준	(주택) 소액배당 4000 이하 1600 (상가) 소액배당 3900 이하 1170
갑11	20	강제경매		청구: 204,775,631원	소멸	

명세서 요약사항 ▶ 최선순위 설정일자 2006. 12. 1. 근저당권

매각으로 소멸되지 않는 등기부권리	해당사항 없음	
매각으로 설정된 것으로 보는 지상권	해당사항 없음	
주의사항 / 법원문건접수 요약	임차인과 채무자 겸 2010-10-27 유치권자 ※미납관리비(공용)를 인수할수 있으니 입찰전에 확인 하시기 바랍니다.	유치권신고(500,000원) 있음

〈임차인 현황조사 내역〉

앞 페이지의 그림은 몇 년 전에 필자가 낙찰받아 꽤 괜찮은 수익을 냈던 매각물건이다. 필자는 위장임차인 물건을 좋아한다. 매각물건명세서 상, 등기부등본 상 이상한 점이 있으면, 그 건물의 임차인이 진정한 임차인인지, 가장 임차인인지 밝혀내는 과정은 추리소설의 범인을 찾는 것과 같은 느낌도 든다.

매각물건명세서상엔 선순위세입자가 있고 배당요구를 했다. 그러나 확정일자가 미상이므로 진짜 임차인이라면 배당에서 보증금을 받지 못하고 낙찰자에게 요구할 것이다. 그렇다면 현 시세 약 1억5,000만 원인데 최저가인 1억2,000만 원에 낙찰 받는다 해도 보증금 3,500만 원을 물어주면 손실이 생긴다.

그러나 왠지 미심쩍었다. 우선 확정일자가 미상이다. 대부분의 임차인은 임차보증금의 보장을 위해서 주민센터에 전입신고를 하며 확정일자를 받게 마련이다. 중개업소에서도 임대차계약을 중개하면 전입신고와 확정일자를 꼭 받으라고 권고한다. 그런데 이 아파트의 임차인은 3,500만 원이나 되는 보증금을 전입 신고하며, 확정일자도 안 받았다니, 가짜 임차인이라는 느낌이 강하게 들었다. 별걱정은 안 됐지만 유치권을 신고한 점, 소유자가 매수한 시점보다 하루 먼저 전입한 점 등 진짜 임차인으로 보이기 위하여 행동한 것이 오히려 가짜 임차인이라는 분위기를 더 만들었다.

필자는 즉시 현장을 방문했고 두 번의 방문 만에 임차인이 소유자의 딸이라는 것을 알아냈다. 현재 우리나라는 자식과 부모 간의 임대차 관계는 통상적으로 인정하지 않는다. 그렇다고 100% 인정되지 않는다는 말은 아니다. 사회 통념상 자식이 부모에게 임대를 주는 것은 거의 인정되지 않지만, 부모가 자식에게 임대하는 것은 가능한 것으로 본다. 특히 조심해야 할 부분이다.

여러 정황상 임대차 관계가 없음을 확신했고, 1억5,000만 원짜리 아파트를 140만 원 차이로 2등을 제치고 낙찰받았고 잘 해결되어서 수익 또한 괜찮았다. 입찰을 7명이나 들어 왔는데, 그들도 이런 사실을 모두 알고 있었을까?

이렇듯 현장조사를 제대로 하면 낙찰 후 당할 예기치 않은 복병을 사전에 파악하여 피할 수 있고, 커다란 수익을 안겨줄 물건도 찾을 수 있게 된다. 경매에서 원하는 수익을 내기 위한 기본은 제대로 된 매각 물건 선택과 권리분석이지만 그 수익이 결정되는 것은 현장에 있다는 것을 꼭 명심하기 바란다.

어릴 때 장난보다 100배는 힘든
매각물건 살펴보기

처음 나선 현장조사 당시의 일이다. 흔히 고수들이 얘기하는 매각물건의 모든 것은 현장에서 파악하라는 가르침을 따르기 위해 괜찮아 보이는 매각물건을 찾아 개요를 프린터로 출력해서 무작정 찾아갔다. 하지만 집 앞에서 머뭇거리다가 정작 그냥 돌아오기만 수십 차례 반복했다.

필자가 어릴 때는 초인종 있는 집이 그리 많지 않았다. 그 시절 개구쟁이들은 한 번씩은 해 보았을 장난을 기억하는가? 일명 초인종 누르고 도망가기 말이다. 남의 집 현관 앞에서 초인종을 누르면 "딩동" 소리가 나며 "누구세요?"라는 목소리가 나오면 잽싸게 도망갔다. 걸려서 혼날까 하는 두근대는 가슴, 장난친다는 짜릿함. 그런 생각들로 재미있어했다.

하지만 성인이 된 후의 초인종 누르는 일이 이렇게 어려울 줄은 몰랐다. 경매에 입문하던 초창기의 필자는 매각물건 소재지의 초인종을 누르는 게 정말 힘들었다. 집에서 사람이 나오면 괜히 욕부터 할 것 같았고, 내가 집을 뺏으러 온 악당마냥 느껴지기도 했다. 왠지 집을 보여 달라는 말을 꺼내는 것조차 미안하게 느껴졌다.

처음 초인종을 누르던 그 순간을 아직도 잊지 못한다. 심장은 두근 두근 터질 것만 같았고 입술은 바짝 타올랐으며, 제발 집에 사람이 없기를 바란 적도 많았다. 너무도 우습지 아니한가. 집 내부를 보러 온 사람이 차라리 집에 아무도 없기를 바란다니. 아마도 경매해 본 분들은 이런 심정을 거의 느껴 봤으리라 생각된다.

수없이 초인종도 못 누르고 그냥 발길만 돌리다 초인종을 누를 수 있는 경지(?)에 다다르고, 초인종 소리를 듣고 나온 거주자와 처음으로 마주쳤을 때, 준비해간 질문들은 하나도 생각나지 않고 멍해졌다. 그래서 집 안에 들어가 보지도 못하고 얼렁뚱땅 인사만 하고 오길 반복했다. 먼발치에서 현관문 안으로 슬쩍 본 것이 전부였다. 지금이야 부드럽게 인사하고 집에 들어가 제대로 살펴보기도 하고, 음료수도 마시며 30분 넘게 거주자와 얘기하기도 하지만 초기에는 정말 이 모든 것이 몹시 어려웠다.

현장조사 할 때 알아두면 유용한 팁을 하나 소개하겠다. 경매를 오래 하다 보면 자신만의 스타일이 생기지만 필자는 매각물건을 보러 갈 때 꼭 낙찰받고 싶고, 집 내부를 보고 싶으면 가끔 음료수를 한 상자 가져간다. 음료수 한 상자는 생각보다 큰 힘을 발휘한다. 음료수를 받으면 낯선 방문자에게 대한 적개심도 누그러지며, 1만 원밖에 안 하지만 약간 고맙게 느끼기도 한다. 또한 집 내부를 보고 싶다는 부탁을 쉽게 거절하지 못한다.

만약에 보고 싶은 집이 빌라나 아파트인데, 방문했을 때 사람이 없다면 윗집이나 아랫집을 방문한다. 필자는 아랫집을 권한다. 주택의 누수는 대부분 아랫집으로 흐르게 마련이니 아랫집의 내부를 보면 윗집의 상태를 알 수 있게 된다. 집안 구조도 파악할 수 있다. 거짓말할 필요 없이 있는 그대로 얘기하면 된다.

"윗집을 보러 왔는데, 아무도 안 계시네요. 죄송한데 제가 조금 먼 곳에서 와서 다시 집 보러 오려면 어려워서 그러는데 집 내부 좀 잠깐만 볼 수 있을까요? 부탁합니다."

이렇게 말하면, 대부분 사람들은 거절하지 않는다. 물론 안 된다는 분들이 꼭 있긴 하다. 그렇다 하더라도 옆집, 윗집 등 겁먹지 말고 방문해보라.

아파트는 대체로 내부를 보지 않아도 큰 하자가 거의 없으나 다세대주택이나 단독주택, 연립주택 등은 겉보기와 달리 내부에는 어떤 변수가 있을지 모른다. 내부를 못 보고 입찰하는 것은 언제 터질지도 모르는 시한 폭탄을 안고 사는 것이나 다름없다. 따라서 꼭 현장에 방문해서 제대로 된 조사를 해야만 한다.

무슨 일이든 처음이 어렵지 두 번, 세 번째부터는 쉽다. 횟수가 쌓일수록 내공도 쌓인다. 어렵고 힘들어도 포기하지 말고 계속 초인종을 누르자.

4

주택 조사 시 기본적으로
점검해야 할 사항

주택 조사 시 가장 중요하게 생각할 점은 '건물에 하자가 없는지의 여부'이다. 특히 다세대주택이나 단독주택은 누수가 되는 곳이 있는지 파악해야 한다. 매각물건이 1층이라면 되도록 직접 방문하는 것이 바람직하고, 2층 이상이라면 아랫집을 방문해서 알아보면 좋다. 물 새는 곳이 있다면 아래층으로 흐르니 해당 물건보다 아랫집을 방문하는 것이 더 좋다. 건물의 상태를 파악하고 나면 주변 탐문으로 거주자를 파악해야 하며 미납관리비와 주변 생활환경을 조사한다.

1) 전입세대열람

주민센터에 방문하여 전입세대열람원을 발급받아 해당 소재지에 전입된 사람이 소유자인지, 임차인인지, 전입 시점은 언제인지 파악해야 한다. 전입세대열람원을 발급받으려면 대법원 경매사이트나 경매

정보사이트에서 사건번호와 매각물건의 주소가 나오는 화면을 출력하여 신분증과 수수료를 지참하고 주민센터에 방문하면 된다. 참고로 전입신고 된 사람이 아무도 없다면, 빈집이라 확신하지 말고 현장에 방문하여 거주자가 있는지 확인해야 한다. 혹시라도 외국인이나 재외동포가 거주한다면 출입국관리사무소에 신고되어 있을 수도 있다. 만약에 출입국관리소에 신고한 선순위 임차인 외국인이 있다면 낙찰자가 인수해야 할 수도 있기 때문이다. 전입세대열람은 매각물건의 소재지와 상관없이 전국 어느 주민센터에서나 발급받을 수 있다.

2) 미납관리비

공동주택(아파트, 연립 등)은 관리사무소에서 관리비를 징수하는데, 거주자가 관리비를 체납하는 경우가 종종 있다. 법원에서는 관리비를 전용부분(개인이 사용하는 부분)과 공용부분(공동으로 사용하는 부분, 엘리베이터 유지비, 경비비 등)으로 나눠서 그 중 공용부분은 낙찰자자 인수해야 하는 것으로 판시하고 있다.

요즘엔 경매가 많이 대중화되어서 관리사무소에서도 알고 있는 곳이 많다. 그래서 공용부분에 대한 금액만 알려주는 곳도 있다. 그래도 공용부분만의 금액인지 꼭 물어봐야 한다. 미납관리비는 명도할 때 거주자와 협상하여 해결해야 한다. 간혹 몇백만 원씩 미납한 아파트도 있다. 잘못하면 생각지도 못한 폭탄을 떠안게 된다. 수도나 전기료는 해당 업체에 얘기하면 낙찰자가 인수하지 않아도 되니 큰 문제는 안된다.

3) 건물의 노후도

건물의 직접적인 외곽과 내부를 자세히 보는 것이 현장조사의 포인트이다. 등기부등본을 발급받아 보존등기가 언제 이루어졌는지 확인하면 건축 후 몇 년이 지난 건물인지 알 수 있다. 외곽을 볼 때는 물줄기가 생기지 않았는지 확인한다. 물줄기 자국이 있다는 것은 누수의 가능성이 있거나 최근에 누수가 되었다는 증거이기도 하다. 물론 내부에는 누수가 없을 수도 있다. 그러니 집 내부를 되도록 확인하는 것이 좋다.

4) 편의시설

3, 4인의 맞벌이 가족에게 필요한 시설이 주변에 잘 갖춰져 있는지 살펴보면 된다. 특히 이 시설들을 많이 이용하는 주부의 입장에서 보는 것이 좋다. 주변에 마트, 시장, 학교, 병원, 학원, 도로, 지하철 등이 가까이 있다면 더 좋다. 특히 학군과 학원은 주택의 가격이 오르는 가장 큰 요인이다.

5) 혐오시설

아무리 교통이 좋고 살기가 편하다 한들 집 근처에 유흥업소나 공장들이 있다면 그것은 심사숙고해야 할 부분이다. 아이들을 키워야 하는 집에 창밖으로 술 취한 사람의 소리나 공장 기계소음이 난다면, 악취가 심해 여름에도 창문을 못 연다면, 좋은 집이라 말할 수 없다. 이런 곳의 주택은 가격도 잘 오르지 않는다.

6) 조망권, 일조권

조망권은 우리가 흔히 얘기하는 '뷰(view)'이다. 전망이 좋을수록 매도하기 좋으며, 일조권은 '볕'이 얼마나 잘 드는지를 파악하는 일이다.

규모가 큰 다세대(빌라) 단지 중에는 동 간 거리가 너무 가까워 햇빛이 전혀 들지 않는 곳도 있다. 2~4층이라도 빛이 들어오지 않으면 습기를 제외하고는 반지하와 다름없다.

5 이 집에 살고 있는
당신의 정체가 궁금하다

현장 조사에서 빠질 수 없는 부분이 '거주자를 파악하는 일'이다. 소유자가 살고 있다면 별문제가 되지 않지만, 임차인이나 누군지도 모르는 사람이 전입신고가 되어있는 경우가 제법 많다. 소유자가 아닌 다른 누군가로 전입신고 되어 있고 임대차관계가 불분명한 때 보통 위장임차인이라고 통칭한다. 앞서 약간 언급했으나 다시 한번 자세히 살펴보겠다.

1) 매각물건의 거주자를 파악하는 방법

① 우편물을 확인하여 수신인이 누군지 알아낸다.

② 관리비 납부자 명의를 알아본다.

③ 전기료, 가스비 고지서 발급명의자를 알아본다.

④ 신문을 보는지, 누구 명의로 고지서가 발급됐는지 알아본다.

⑤ 매각물건 주변 이웃에게 거주자가 누구인지 물어본다.

2) 임차인의 진위여부 확인 방법

① 임차인과 소유자(채무자)의 친인척관계를 조사한다. 형제간, 성년의 부자지간, 처남, 동서, 사위 및 친인척 간의 임대차는 실체적이고 구체적인 상황에 따라 인정이 되는 경우도 있다. 그러나 부부 사이, 부모와 미성년 자녀 간, 부모가 자식 집에 세 들어 사는 경우는 우리나라의 사회 통념상 용납되지 않아 임대차도 인정되지 않는다.

② 단, 부부가 함께 거주하다가 이혼하여 임대차계약을 체결한 경우에는 그 이혼이 허위가 아닌 이상 이혼을 한 날로부터 임대차계약이 성립된다. 매각 매각물건에 거주하는 사람이 등기부등본상 소유자와 무슨 관계인지 주변 탐문으로 조사해야 한다.

③ 경매개시기입등기 직전 또는 그 후의 임차인인지 여부를 조사한다. 채무자로서는 통상 경매신청 되기 직전이 되어야 재산보전방안을 찾게 되고 외부의 조언을 얻어 경매개시 즈음에 전입신고와 허위 임대차계약서를 준비하곤 한다.

④ 임차인이 미성년자이거나 보증금을 부담할 능력이 안 되는 무직자, 학생일 때 허위 임차인일 경우가 많다.

⑤ 전입신고는 되어 있으나 확정일자가 없으며 임대차계약 금액도 미상이라면 허위 임차인일 경우가 많다.

⑥ 임대차계약서가 중개업소를 통하지 않고 당사자끼리 작성했거나, 내용이 부실하며 확정일자가 최근으로 되어 있거나, 없다면 허위 임차인일 경우가 많다.

통상 주택이 경매에 부쳐지면, 소유자나 채무자 측에서 돈을 일부라도 회수하기 위해 이미 전입하여 무상으로 거주하는 친인척, 지인과 허위의 임대차계약서를 만들어 임차인으로 둔갑한 다음 대항력을 주장하거나 소액보증금 등의 배당요구도 하고, 경매 전후에 새로이 임대차계약을 맺어 명도비용이라도 받아내려고 시도한다.

이러한 경우엔 위장임차인인지를 밝혀내기가 쉽지 않아 실제 이들에게 부당하게 배당되거나 미배당 보증금을 낙찰자가 인수하기도 하며, 낙찰 받고 해결이 부담스러워 입찰보증금을 포기하고 몰수당하는 사례도 종종 있다. 따라서 매각물건에 누가 거주하는지, 임차인이 있다면(특히, 선순위임차인) 누군지 철저하게 조사한 후 입찰해야 한다.

6

다른 사람보다
1,700만 원 벌고 시작한 경매

경매물건의 시세파악은 권리분석만큼 중요한 사항이다. 시세를 잘못 파악하면 입찰보증금을 포기해야 하는 상황이 발생하기도 한다. 최저 입찰가격이 8,000만 원인 부동산의 적정시세는 1억 원인데 시세를 잘못 파악하여 1억2,000만 원에 입찰했다. 보증금 800만 원을 포기하는 것이 나은가, 현시세보다 2,000만 원 더 주고 낙찰을 받겠는가. 대부분은 입찰보증금 800만 원을 포기할 것이다. 실제로 입찰보증금을 포기했다.

이 얘기는 실제 사례이며, 주변에서 비슷한 상황을 가끔 보게 된다. 요즘엔 인터넷이나 모바일에 부동산 매물이 올라와서 어느 정도 시세를 알 수는 있지만 정확하지 않은 경우도 많다. 따라서 최소 2~3군데의 중개업소를 방문해서 적정시세를 파악해야 한다. 만약 인근에 중개업소가 없다면 입주민이나 주변 사람들에게 묻는 것도 좋다. 이렇게

외진 곳일수록 입주민들은 자신들의 집 시세에 관심이 많아서 거래가
격을 잘 알고 있다.

〈큰 금액 차이로 낙찰된 두 아파트〉

1) 시세파악의 중요성

필자가 매각물건에 입찰할 때는 보통 2개의 사건 이상에 응찰한다.
모두 받고 싶은 매각물건일 때도 있지만, 어떤 때는 하나는 받고 싶은
매각물건이고 다른 하나는 저렴한 금액으로 응찰해서 '받으면 좋고, 못
받아도 그만'이라 생각하고 응찰하는 매각물건일 때도 있다. 지방의 법
원에 가는 길에 하나만 입찰하기는 아쉬워서 선택한 대안이다.

이 매각물건이 바로 두 번째 상황에 해당한다. 다른 매각물건을 받고 싶어서 서산 법원에 가게 된 적이 있다. 이때 같이 이 매각물건도 응찰했는데, 무려 20명 중 1등으로 낙찰되었다. 필자가 입찰한 매각물건 중 지금까지도 깨어지지 않는 가장 높은 경쟁률이기도 하다.

감정가가 1억4,000만 원인데 두 번 유찰되어 6,860만 원에 최저매각가로 진행됐다. 낙찰되리라 예상도 못했지만, 2등은 9,373만6,660원으로 불과 33,340원밖에 차이가 나지 않았다.

그런데 잠시 후에 황당한 일이 벌어졌다. 같은 날 진행된 사건으로 필자가 낙찰받은 사건보다 약 20분 정도 늦게 개찰된 사건이었다. 필자가 낙찰받은 아파트는 2층이었고, 이 아파트는 3층이었기에 관심을 갖고 지켜봤다. 9,800만 원이 최저입찰가라 9,800만 원에서 1억 원 정도에 낙찰되리라 예상했다. 응찰자가 없어서 유찰될지도 모른다는 생각도 있었다. 그런데 7명 입찰에, 최고가 1억1,000만 원으로 낙찰되었던 것이다. 그때 떫은 감을 씹은 것 같은 낙찰자의 표정이 아직도 눈에 선하다. 필자가 약 9,300만 원에 낙찰을 받은 매각물건이니 1억1,000만 원을 응찰한 사람은 아마도 패찰하기를 간절히 바랐을 것이다. 그런데 떡하니 낙찰됐으니 가슴이 얼마나 쓰렸을까?

그렇다면 필자는 9,300만 원에 낙찰받은 매각물건을 이 사람은 왜 1억1,000만 원에 낙찰받은 것일까? 특별히 그 아파트가 더 좋아서? 아니면, 시세가 1억4,000만 원정도 하니 어차피 1억 넘게 받아도 많은 수익이 날 수 있어서?

두 경우 모두 아니다. 두 번째 매각물건을 낙찰받은 사람은 시세파악을 제대로 못 한 것이다. 감정가는 1억4,000만 원이지만 이 가격은 대물변제로 거래된 가격이었다. 금전 대신 물건으로 대신 갚는 것을 대물변제라 한다. 이 아파트는 당시 미분양 물건이 있었다. 자금 사정이 여의치 않은 건설사는 건축자재비와 인건비를 아파트로 대신 지급했다. 공사업체는 그렇게라도 하지 않으면 비용을 못 받게 될 테니 울며 겨자 먹기 식으로 미분양된 아파트를 분양가로 인수한 것이다. 그러니 거래가격도 1억4,000만 원으로 공시되었었다.

당시 이 아파트의 실제 시세는 1억1,000만 원이 적당했다. 아마도 이 사람은 1억4천만 원에서 많이 떨어졌다고 생각하고 입찰했을 것으로 여겨진다. 바로 현장에 방문해서 제대로 된 시세파악을 하지 않았기 때문에 발생한 일이다. 다행히도 낙찰 가격과 실거래가가 비슷했기에 망정이지, 자칫하면 큰 손해가 날 수도 있는 상황이었다. 정확한 시세파악이 얼마나 중요한지 보여준다.

따라서 매수물선 선정 후 현장조사 시 정확한 시세파악을 위해서는 중개업소를 여러 군데 방문해야 하며, 방법도 여러 가지로 바꿔서 접근해야 한다. 필자는 보통 3가지 정도의 방법으로 접근한다. 중개업소에 방문할 때 스마트폰의 녹음기능을 사용하여 당시 오갔던 대화내용을 녹취한다면 중요사항을 잊어버리지 않아 좋다.

2) 적정 시세파악 요령

입찰하고 싶은 물건을 선정하면 우선 인터넷에 나온 매물시세를 알아본다. 먼저 '국토교통부 부동산 실거래가'의 실거래 가를 기본으로 파악한다. 그 다음으로 네이버 부동산, 다음 부동산, 부동산 114 등의 사이트에서 매물로 나온 가격을 파악한다. 모든 인터넷상의 가격은 참고로 하고, 조사한 가격이 정말 적정 시세인지 중개업소를 방문해서 실제 가격을 파악해야 한다. 인터넷상의 가격은 실제 거래가격과 다른 경우가 많다는 사실을 알아야 한다.

① 매도인(임차인) 입장으로 중개업소에 방문하기

매도인 입장으로 시세를 물어보면 보통의 중개업소에서는 시세보다 약간 저렴하게 말해 준다. 그래야 매수자를 찾기가 쉬운 점도 있고, 매물을 싸게 내놓아야 판매가 더 쉬워지기 때문이다. 그런데 이 방법을 쓰기 위해서는 매각물건의 소재지 및 구조 등에 대해서 먼저 조사해야 한다. 관리사무소에 전화해서 관리비가 평균 얼마나 나오는 지도 알아 두자. 그래야 중개업소에서 물어볼 때 내 집처럼 설명할 수 있으니까 말이다. 중개업소에 방문해서 매각물건과 비슷한 층의 주택을 매물로 내어놓을까 생각 중이라며 말을 건넨다.

"이사를 하게 되어서 그러는데 집을 팔고 갈까, 세를 놓고 갈까 고민 중입니다."

이런 식으로 물어보면 몇 층인지, 확장은 했는지, 인테리어는 어느 정도 했는지, 관리비는 얼마 정도 나오는지, 방은 몇 개인지(대부분 중개업소는 알지만, 일부러 물어보는 경우도 있다.) 등 중개업자가 묻기도 한다. 얘기를 나누다가 전세나 월세는 얼마에 놓을 수 있는지, 얼마를 받고 싶은지 등과 급매로 팔면 얼마까지 가능한지 물어보라. 그러면 최저가와 임대가를 알 수 있다.

② 매수인(임대인) 입장으로 방문하기

이때는 문의하는 요령이 필요하다. 정말 와서 살 것처럼 행동해야 더 정확한 시세를 파악할 수 있기 때문이다. 우선 경매로 나온 매각 물건의 실거래 가를 알아본 후 문의한다.

"직장을 이쪽 지역으로 옮기게 돼서 집을 알아보는 중인데요. 직장 동료 말로는 ○○만 원 정도면 구매할 수 있다던데, 맞나요? 혹시 세는 얼마 정도에 구할 수 있을까요?"

이런 식으로 대화를 이어가다 보면 적정한 시세를 파악할 수 있다.

③ 매각물건임을 말하고 접근하는 방법

중개업소에 다니다 보면 중개업무만 하는 사람이 있는 반면, 경매부터 공매까지 직접 참가하며 거래하는 사람들도 있다. 중개업만 하는 분들은 대체로 호의적으로 모든 질문에 잘 대답해 준다. 인근에 나온 매각물건은 주변 시선 때문에 입찰을 꺼리기도 하지만, 아예 경매 입찰엔 관심이 없는 분들도 많다. 어느 부동산이 매각물건으로 나왔는지 사실대로 말하며 물어보면 친절하게 응대해준다. 이런 중개업소에는 '낙찰받으면 꼭 매각물건을 의뢰하겠다'고 하면, 더욱 많은 정보를 얻을 수 있다. 가끔은 거주자 정보를 알아낼 때도 있다.

경, 공매에 직접 참여하는 중개업소는 가격을 물어보러 오는 사람들을 보면, 경매 때문에 왔다는 것을 거의 알아낸다. 이럴 땐 정확한 정보를 알아내기가 쉽지 않다. 간혹 일부러 잘못된 정보를 주는 곳도 있다. 자기가 낙찰받기 위하여 거짓 정보를 주기 때문이다. 그러니 이런 중개업소에서 시세를 알아볼 때는 것은 주의해야 한다. 물론 이런 중개업소는 드물지만 조심해서 나쁠 건 없다.

7

상가, 이것만은 반드시
확인하고 입찰하자

상가는 주거용보다 고난도 물건이다. 상가는 입지와 시세, 운영상황 등을 알아내는 것도 중요하다. 하지만 낙찰받으려는 상가를 어떤 용도로 사용할지 생각한 다음 입찰을 결정해야 한다. 상가는 낙찰 당시 있는 시설물에 대해서도 신경 써야 한다. 그 시설물을 그냥 사용하면 모를까 다른 업종으로 바꾼다면 철거비용도 만만치 않기 때문이다.

해당 상가가 어떤 용도인지 철저히 파악해야 한다. 만약 업종을 변경한다면 신고만 하면 가능한 업종도 있지만, 허가를 받아야만 영업이 가능한 업종도 있다. 따라서 해당 상가의 용도를 정확히 알고 있어야 한다.

시설군	속한 업종	허가	신고
1. 자동차 관련	자동차관련시설 (건설기계관련시설 포함)		
2. 산업 등	운수시설, 창고시설, 공장, 위험물저장 및 처리시설, 분뇨 및 쓰레기 처리시설, 묘지관련시설, 장례식장		
3. 전기통신	방송통신시설, 발전시설		
4. 문화집회	문화 및 집회시설, 종교시설, 위락시설, 관광휴게시설	↑ 상위시설로 변경시 허가	↓ 하위시설로 변경시 신고
5. 영업	판매시설, 운동시설, 숙박시설, 제2종 근린생활시설 중 고시원		
6. 교육 및 복지	의료시설, 교육연구시설, 노유자시설, 수련시설		
7. 근린 생활	제1종 근린생활시설, 제2종 근린생활시설 (고시원 제외)		
8. 주거업무	단독주택, 공동주택, 업무시설, 교정 및 군사시설		
9. 그 밖의 시설	동물 및 식품관련시설		

영업권 문제도 발생할 수 있다. 영업 허가를 받기 어려운 업종도 있기 때문이다. 이때 해당 상가를 그 상태로 영업하고 싶다면, 현재 상가 영업자의 영업권을 인계받는 것이 좋다. 영업권을 인계받을 수 있으면 좋지만 그럴 수 없다면 다시 영업허가를 받아야 한다.

토지야,
도대체 어디 있는 거니

필자는 토지경매에서 어려운 것 중 하나가 바로 '정확한 땅 위치 파악하기'라고 생각한다. 토지경매 경험이 없는 사람들은 '땅 찾는 게 왜 어렵다고 하지? 지도만 있으면 되는 거 아냐?'라고 생각하기도 하지만, 토지는 건물과 달리 해당 매각물건을 찾기가 쉽지 않다. 그나마 길가에 붙은 농지나 건축물과 인접한 땅은 찾기 수월하다. 그러나 임야나 도로에 접하지 않은 땅은 위치 파악이 어려운 때가 많다. 간혹 엉뚱한 땅을 보고 입찰하는 분도 봤다. 결과는 역시나 미납으로 이어진다.

기획부동산에서 사기수법으로 이용하는 방법 중 하나가 '다른 토지 보여 주기'였다. 지도나 도면을 볼 줄 모르는 사람들에게 실제 판매하려는 땅과 전혀 다른 땅을 보여주며 계약을 유도하는 것이다. 결국 좋은 토지라는 설명과는 달리 전혀 쓸모없는 땅을 비싸게 사게 된다. 따라서 정확하게 입찰할 토지를 찾는 것이야말로 '토지 현장조사의 절반'이라 감히 말할 수 있겠다.

먼저 토지를 찾아보려면 스마트폰과 나침반(스마트폰 앱으로도 가능), 지적도, 줄자, 토지이용계획확인서, 토지대장(임야일 때에는 임야대장)을 준비하자. 이상은 가장 기본적인 준비물이고, GPS 단말기나 축적자, 도로지도 등을 쓰는 경우도 있다. 각자의 여건과 판단에 따라 사용하면 된다.

지적도면은 토지의 경계를 그림으로 관리하는 도면이며 지적도와 임야도로 구분된다. 토지는 사용하는 목적에 따라 28가지 종류로 구분한다. 그 28가지의 지목 중 지적도에는 임야 이외의 토지를 등록하고 임야도에는 임야만을 등록한다. 지적도에서 지번 표시가 없는 부분은 임야라고 생각하면 된다. 또한 임야도에서 지번 표시가 없는 부분은 임야 이외의 토지라고 보면 된다. 그렇다면 땅 찾는 법을 알아보자.

첫 번째, 지적도를 보고 기점을 결정한다. 기점은 토지에 대한 거리와 위치를 파악하는 기본이 된다. 해당 토지의 주변에 있는 건물이나 특징 있는 토지를 표시하고 그 기점을 기준으로 찾으면 찾기가 수월하다.

두 번째, 지적도에서 기점을 중심으로 해당 토지가 얼마나 되는 거리에 위치하는지 계산하자. 많이 사용하는 지적도의 축적이 1/1,200이니, 이 축적을 예로 계산해보자. 지적도상의 기점에서 목적 토지까지 12cm라고 하면 실제 토지의 기점에서 목적 토지까지의 거리는

144m(1,200cm×12)가 된다. 지적도상의 1cm가 실제로는 1,200cm이기 때문이다.

세 번째, 나침반으로 방향을 정한 후 목적토지로 이동하면 된다. 참고로, 이동 거리를 알고 싶을 때 사용하는 방법으로는 성인의 보폭이 평균 50~70cm 정도이므로 자신의 평균 보폭을 평소에 알고 있으면 도움이 된다. 일반적으로 전봇대의 설치간격은 50m이기 때문에 이를 기준으로 대략 추정해도 된다.

마지막으로 동네 이장이나 주민의 정보를 이용하자. 시골에서는 이장이나 주민들이 해당 토지를 알고 있는 경우도 많이 있다. 또한 기점을 딱히 정하기 어려울 때도 도움받을 수 있다. 사실 제일 정확하게 토지위치를 파악할 방법이기도 하지만 외지인에게는 경계심을 갖고 적대시하기도 하므로 방문 시에는 요령을 갖고 편하게 다가갈 수 있도록 신경 써야 한다.

지금은 스마트폰에 경매 실무에 도움이 되는 많은 기능이 내재되어 있다. 네이버나 다음의 지도에 들어가면 위성지도와 지번도가 합쳐져서 보이는 기능도 있어서 예전보다 땅의 위치를 확인하기도 편해졌다. 나침반도 앱으로 다운받으면 된다.

9

토지입찰,
이것 놓치면 낭패 보는 사항들

토지는 바로 옆에 붙어있는 땅이라도 크기, 모양, 용도, 위치 등에 따라 가격의 차이도 천차만별이다. 토지는 지목(용도에 따라 전, 답, 과수원 등 28개로 나뉨)도 많고 주택보다 파악할 내용이 더 많으며 적정 시세조사부터 쉽지 않다. 해당 토지의 용도와 각 지자체의 조례에 따라 개발제한 사항도 다르므로 토지에 입찰할 때는 시세조사와 함께 사용 가능한 용도, 매도 방법까지 철저히 조사하고 염두에 두어야 한다.

1) 토지대장의 기재사항

소유권과 기타 권리에 관한 사항은 등기부등본이 우선 적용되며, 건물에 관한 내용은 건축물대장이, 토지에 대한 내용은 토지대장이 우선 적용된다. 따라서 경매물건이 토지일 때, 등기부등본과 토지대장을 비교해서 기재된 내용이 다르다면 소유권 등 권리에 관한 사항은 등기부등본을, 토지의 지목, 면적 등 토지의 기본 내용에 관한 사항은 토지대장을 따르는 것이 원칙이다. 건물이라면 등기부등본과 건축물대장, 토지라면 등기부등본과 토지대장을 대조 확인하여 서로 다르게 기재된 사항이 있는지 꼭 파악해야 한다.

2) 토지거래허가구역

매각물건 중에 토지거래허가구역이라 표시된 토지가 있다. 토지거래허가구역의 토지는 거래할 때 허가를 받아야 한다. 토지거래허가구역의 토지는 경매로 구매할 때는 허가 받지 않아도 된다. 그러나 매도를 할 때는 매수자가 허가를 받아야 하므로 이를 염두에 두어야 한다.

3) 농지취득자격증명원

해당 토지를 구매할 때 농지취득자격증명원을 받을 수 있는지 해당 관청의 담당자에게 미리 문의하는 것이 좋다. 법원경매에서 농지(전, 답, 과수원)를 낙찰 받으면 농지취득자격증명원을 7일 이내(매각결정기일이전)에 집행법원에 제출해야 한다. 만약 기일 내에 제출하지 못하면 매각은 불허가되고 입찰보증금은 몰수당한다.

농지취득자격증명원은 낙찰 후 토지 소재지의 시 · 군 · 구 · 읍 · 면 · 동장에게 신청하면 된다. 통상 4일 이내 발급기준으로 되어 있으나, 당일 발급도 가능하다. 간혹 지목은 농지(전, 답)로 되어 있으나 현장에 방문하면 다른 용도로 사용되기도 한다. 이런 경우엔 농지취득자경증명원을 발급해주지 않고 반려가 되는데, 반려사유서를 법원에 제출하여 해당 토지는 농지취득자격증명원이 필요 없는 토지임을 알려야 한다.

4) 토지이용계획확인서

토지에 입찰하기 전 토지이용계획확인서를 발급받아 해당 토지에 개발제한사항이 있는지, 있으면 관련 법률 조항은 무엇인지를 조사해야 한다. 간혹 토지이용계획확인서에 기재가 안 된 함정도 있다. 예를 들면 개발행위 허가의 기준이 되는 경사도라면, 국토계획법에는 '25도'로 규정되어 있지만, 각 지자체에서 별도로 규정하고 있다. 그러니 규제사항이 있다면 관할 행정처에 문의하여 추가 규제가 있는지, 또 원하는 용도로 사용 가능한지 꼭 확인해야 한다.

5) 혐오시설

앞에서도 말했듯이 주변에 혐오시설이 있는지 확인해야 한다. 강이나 개울 상류에 공장이나 축사가 있으면 폐수와 악취가 심하다. 이용할 때 여러 가지 불편함도 초래하며, 투자가치도 떨어질뿐더러 매도도 쉽지 않다.

6) 임야투자

해당 임야의 경사도가 20도 이상이거나, 희귀한 나무가 자라고 있거나, 숲이 울창해 임상이 좋은 상황이라면 형질변경이 어렵다. 즉 원하는 방향으로 사용하기가 곤란해질 수 있다는 의미이다. 또한, 중종 소유 토지는 피해야 한다. 나중에 낙찰받더라도 소유권을 박탈당할 가능성이 있다. 분묘가 존재하는지도 꼼꼼히 확인해야 한다. 그 분묘에 관습법상의 법정지상권이 성립될 가능성이 커 토지 소유권 행사에 제한이 따를 수 있기 때문이다.

10

현장조사
필수 점검 체크리스트(건물, 토지)

주택이든 토지든 현장조사를 가게 되면, 여러 가지를 조사해야 한다. 특별한 준비물 없이 스마트폰 하나에 웬만한 정보들은 기록이 가능하나 놓치는 것들이 생기게 마련이다. 특히 시세는 몇 군데 중개업소를 돌다 보면 헷갈리기도 하고, 꼭 알아봐야 할 것들을 빼놓고 그냥 돌아오기도 한다. 이때 체크리스트와 법원에 공고된 물건정보를 함께 출력하여 조사할 때 기록하면 좋다. 현장 조사할 때 주변 분위기나 앞으로의 전망도 되도록 조사하여 기록하자. 물건정보와 체크리스트를 함께 편철해 보관하면 나중에 근처 부동산이 경매물건으로 나올 때 좋은 참고자료가 된다.

  앞서 말했듯이 필자는 한 번 낙찰받은 물건이 생기면, 비슷한 시기에 근처의 물건을 수월하게 낙찰받는데 조사 자료를 잘 정리하여 보관하는 것이 비결이다.

[주거용 건물 체크리스트]

현장조사 체크리스트			
사건번호		조사일	
매각물건종류		감정가	
소재지			
면적	대지:	건물:	
매각물건상태			
건축년도(보존등기)		관리상태	상 중 하
세대수		현 거주자	
구조/층		방/욕실수	
주택의 방향		주차장	
누수여부		미납관리비	
주변환경			
교통환경		교육시설	
편의시설		혐오시설	
시세조사			
실거래가		네이버매물	
KB시세		다음매물	
중개업소	가격:	연락처:	
중개업소	가격:	연락처:	
중개업소	가격:	연락처:	
중개업소	가격:	연락처:	
기타 특이사항 및 의견			

※《싱글맘 부동산 경매로 홀로서기, 이선미 지음, 지혜로》참조

[토지용 체크리스트]

현장조사 체크리스트			
사건번호		조사일	
매각물건종류		감정가	
소재지			
면적		지목	
물리적 현황			
토지모양		경사	
현 이용 상태		방향	
건물 유, 무		도로관계	
공법관계			
이용가능행위			
제한행위			
기타			
시세조사			
공시지가			
거래사례			
중개업소	가격 :		연락처 :
중개업소	가격 :		연락처 :
중개업소	가격 :		연락처 :
기타 특이사항 및 의견 (개발계획 등)			

📖 처음엔 모방이 답이다
나만의 멘토를 따라하자

"왜 이런 물건들로 돈 버는 방법을 공개하세요?"

"다른 사람들이 이런 해결방법을 알게 되면 손해 아닌가요?"

필자가 예전에 강의하는 중에 한 분이 이런 질문을 했다. 필자는 강의에서 필자의 사례를 중심으로 어떤 과정을 거쳐 수익을 냈는지 비교적 자세하게 설명했다. 그러니 왜 그러는지 궁금했던 모양이다. 어떤 방법으로 수익을 내는지 그 과정을 공개하지 않았다 해서 필자 혼자만 그런 물건을 낙찰받을 거라는 생각은 하지 않는다. 중요한 건 같은 생각을 하고 같은 방향을 바라보며, 같은 주제로 대화하는 사람이 옆에 있는 것이다.

'부자가 되려면 부자를 곁에 두라'는 말이 있다. 이는 부자의 행동과 철학을 보고 따라 하다 보면 똑같이 부자가 된다는 의미이다. 이는 경매에도 적용된다. 경매하려면 경매 고수를 따라다녀야 한다. 단, 긍정적인 사람을 따라야 한다. 어느 일을 하더라도 긍정적인 마인드를 가진 사람과 부정적인 마인드를 가진 사람이 이루어 내는 성과에는 엄청난 차이가 있기 때문이다.

또한 웃음바이러스처럼 긍정적인 사고를 지닌 사람과 함께 지내다 보면 시나브로 자신도 변하게 된다. 이는 매우 중요한 사실이다. 필자가 1,000만 원으로 경매를 시작할 수 있었던 것도, 긍정적인 사고를 지닌 멘토를 만났기에 가능했다.

책의 서두에 언급했듯이 필자가 1,000만 원으로 경매를 시작하려던 무렵, 오랜 시간 알고 지낸 여러 지인들은 부정적인 반응을 보였다. 그러나 한 분만은 1백만 원으로도 가능하다는 말씀을 하셨고, 그때부터 한동안 그분을 따라다녔다. 현장조사 갈 일이 있으면 대리기사를 자청했고, 술을 마시자며 둘만의 자리를 많이 만들어 함께하는 시간을 많이 가지려 노력했다. 그분처럼 되고 싶어 그분이 읽은 책도 따라서 읽었으며, 그분이 선호하는 물건에도 관심을 많이 가졌다. 그분과의 대화에 능숙해지기 위해 공부도 많이 했다. 그렇게 행동하다 보니 어느새 많이 발전한 자신을 느낄 수 있었다.

그분의 조언을 받아 낙찰과 명도도 경험했다. 같은 수준의 법 지식은 아니지만 그분과 토론도 하는 단계에 이르렀고, 혼자서도 꾸준히 경매를 하게 되었다. 5년이 넘는 시간과 돈을 들여 공부했어도 시작하지 못한 경매를, 단 한 분의 영향으로 몇 개월 만에 입문하게 된 것이다. 이처럼 한 사람의 영향력은 엄청나다. 성공한 사람을 곁에 두고 배우면 본인이 앞으로 투자해야 할 시간과 돈이 기하급수적으로 줄어들게 된다.

경매라는 주제로 같이 대화를 나누면 즐겁다. 필자의 얘기를 들은 상대방이 경매로 돈을 벌었으면 좋겠고, 그 과정에서 내가 그 사람에게 도움이 되었으면 하는 바람이다. 나와 경매로 인연을 맺은 사람은 경매로 부를 축적했으면 한다. 필자에게 아낌없이 도움을 주셨던 분도 이런 마음이었으리라.

PART
4

AUCTION

입찰을 잘해야
낙찰도 잘 된다

1

기일입찰표 작성,
살피고 또 살펴라

몇 년 전에 입찰장에서 어느 젊은 부부가 대화하는 것을 우연히 듣게 됐다.

"자기야, 그런데 다른 사건들은 대부분 2000타경○○○○○ 이런 식으로 쓰여 있는데, 왜 우리가 입찰하려는 사건은 2000타경○○○○(1)라고 괄호 안에 숫자가 있지?"

"그러니까, 다른 사건에는 없는데, 이게 무엇을 뜻하는 것이지?"

"정보지가 오타 났나?"

"그건 아닌 것 같은데? 저기 화면(법정에서 진행되는)에도 똑같이 (1)이라고 적혀 있는데?"

"그러네~."

사건번호와 물건번호의 의미도 모르고 입찰을 하는 듯했다. 정말 무서운 것이 없는 모습이었다.

채무자의 부동산이 경매에 처하게 되면 사건번호가 정해진다. 이때 두 개 이상의 부동산을 함께 매각하면 한 개의 사건번호를 사용하게 되고 부동산마다 고유의 물건번호를 부여하여 구분한다. 즉 같은 사건번호에 다른 물건번호를 부여하는 것이다.

예를 들면 2016타경1000(1), 2016타경1000(2), 2016타경1000(3) 등이다. 이를 동시매각이라 한다. 사건번호가 같더라도 물건번호가 다르므로 별개의 입찰물건으로 취급하지만, 같은 사건번호의 부동산이 모두 매각이 완료되어야만 배당을 시작한다. 동시매각으로 진행되는 사건에 만약 임차보증금을 배당받는 임차인이 있다면, 모든 물건의 매각이 마무리 될 때까지 배당이 안 되므로 명도에 많은 시간이 걸릴 수 있으니 주의해야 한다. 동시매각으로 진행되는 물건을 조심해야 하는 또 다른 이유는 물건번호를 잘못 적었을 때 발생하는 문제이다. 예를 한번 들어보자.

2016타경1000(1) 최저매각가격 1,000만 원
2016타경1000(2) 최저매각가격 1억 원

A씨가 물건번호 (2)번의 부동산을 1억1,500만 원에 입찰하려 한다고 가정해보자. 최저매각가격이 1억 원이므로 입찰보증금은 최소 1,000만 원을 넣어야 한다. 기일입찰표에 '사건번호에 2016타경1000'을 적고 물건번호에 '2'라고 적으면 되는데, 실수로 '1'로 적었다면

2016타경1000(1) 부동산에 1억1,500만 원에 입찰하는 결과가 된다. 최저가 약 1,000만 원짜리 부동산을 1억1,500만 원에 낙찰 받고 잔금을 납부할까, 아니면 보증금 1,000만 원을 포기할까? 당연히 입찰보증금을 포기할 것이다. 이처럼 한 사건에 물건번호가 여러 개 있다면 신중히 접근해야 한다. 이제 필자가 무섭다고 말한 이유를 아시겠는가.

매각물건을 선정하여 권리분석을 하고, 현장조사까지 잘 마쳤다면 이제 입찰을 해야 한다. 앞선 일련의 과정들 모두 중요하지만 결국엔 기일입찰표 한 장의 작성과 제출로 낙찰과 패찰이 결정된다.

기일 입찰표를 제대로 작성하여 제출하면 낙찰이나 패찰이라는 둘 중 하나의 결과로 이어지지만, 만약 실수로 기일입찰표를 잘못 작성하면 의외의 결과인 입찰보증금을 몰수당하거나 낙찰의 무효처리라는 변수가 발생할 수도 있다. 사건번호나 물건번호를 잘못 기재한 경우, 보증금을 제대로 준비하지 못한 경우, 금액을 잘못 적은 경우, 첨부 서류를 제대로 갖추지 못한 경우 등은 경매 법정에서 가끔 보는 일이다. 이럴 때 무효처리가 되면 차라리 다행이다. 보증금을 몰수당하는 일은 없으니 말이다.

재테크로 자산을 불려 보겠다고 권리분석부터 현장조사까지 열심히 했건만, 기일입찰표 한 장 제대로 작성하지 못해 낭패 보는 일은 없어야 하지 않겠는가. 따라서 기일입찰표의 작성은 무척이나 신중하고 조심스러워야 한다.

실전 경매,
이런 순서로 진행된다

경매절차는 매우 복잡하다. 또한 채권자의 경매신청부터 배당 후 경매절차 종료까지 짧게는 6~7개월부터 길게는 몇 년이라는 시간이 걸리기도 한다. 모든 과정을 외울 필요는 없지만 입찰자들과 관계가 있는 '매각기일부터 대금납부기한(다음 페이지 도표에서 표시)'까지, 이 부분의 진행되는 과정은 알아두는 것이 좋다.

　그래야 실수로 낙찰을 잘못 받았을 경우, 위험에 대처할 수 있기 때문이다. 경매절차에서 매각 당일에 최고가매수신고인이 정해지면 일주일 후 매각결정기일에 허가 또는 불허가가 결정되고, 그 후 일주일 후에 매각확정이 되며, 다시 일주일 후에 잔금납부기한이 정해진다. 이 과정에서 낙찰을 취소시키거나, 매각허가에 대해 이의를 제기해서 불허가로 번복되도록 해야 하는데 정해진 기한 내에 하지 않으면 그대로 낙찰이 결정되고 잔금납부기한이 정해져 곤란한 상황에 처할 수 있다.

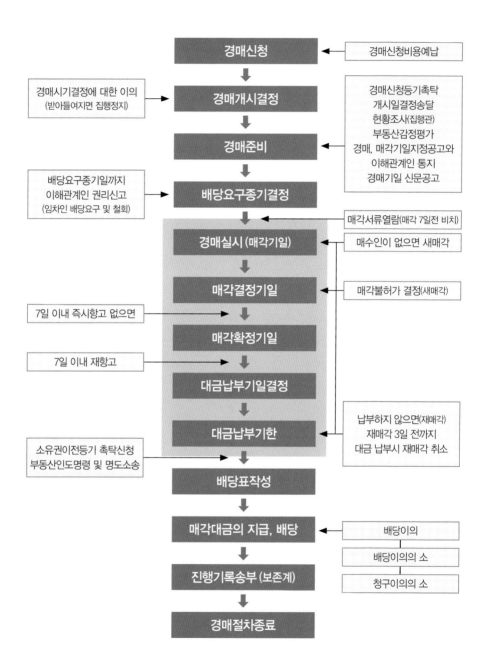

경매신청 ← 경매신청비용예납

경매시기결정에 대한 이의
(받아들여지면 집행정지) → 경매개시결정

경매신청등기촉탁
개시일결정송달
현황조사(집행관)
경매준비 ← 부동산감정평가
경매, 매각기일지정공고와
이해관계인 통지
경매기일 신문공고

배당요구종기일까지
이해관계인 권리신고 → 배당요구종기결정
(임차인 배당요구 및 철회)

매각서류열람(매각 7일전 비치)

경매실시 (매각기일) ← 매수인이 없으면 새매각

매각결정기일 ← 매각불허가 결정(새매각)

7일 이내 즉시항고 없으면 → 매각확정기일

7일 이내 재항고 → 대금납부기일결정

납부하지 않으면(재매각)
대금납부기한 ← 재매각 3일 전까지
대금 납부시 재매각 취소

소유권이전등기 촉탁신청
부동산인도명령 및 명도소송 → 배당표작성

매각대금의 지급, 배당 ← 배당이의

배당이의의 소

청구이의의 소

진행기록송부 (보존계)

경매절차종료

그러니 경매절차 중 최소한 '매각기일부터 대금납부기한'까지는 진행 과정을 숙지하고 있어야 한다.

1) 매각기일에 입찰자가 없거나, 매수인이 정해지지 않은 경우

약 1개월 후 새로 매각 일을 잡아 종전 회차 최저입찰가의 70~80% 가격으로 다시 진행한다. 즉, 최초 입찰기일에 최저매각 가격이 1억 원이었다면, 다음 2차에는 1억 원의 80%인 8,000만 원이 최저매각 가격이 되며, 만약 이때도 입찰자가 없거나 매수인이 정해지지 않으면 3차에는 8,000만 원의 80%인 6,400만 원이 최저매각가격이 된다. 20~30%에 이르는 저감률은 법원마다 다르다.

2) 매수인(낙찰자)이 정해진 경우

① 1주일의 매각결정 기간에 매각허가, 불허가 결정된다.

② 1주일의 항고기간(매각허가, 불허가 결정에 대한 항고)을 거친다.

③ 항고기간이 지나면 약 1개월의 잔금납부기한이 정해진다.

④ 잔금을 납부하면 소유권이 이전되고, 경매절차가 마무리된다. 그러나 잔금을 미납하면 약 1개월 후 재매각을 진행한다.

3) 새매각과 재매각

① 새매각 – 새로 매각한다는 뜻으로, 전 회차에서 입찰자가 없을 경

우에 전 회차의 최저매각가격에서 20~30%를 저감(할인)한 가격으로 진행한다.

② 재매각 – 전 회차에 낙찰자가 있었으나 잔금을 미납하여 다시 매각하는 것으로, 최저매각가격은 전 회차와 같으나 입찰보증금을 최저매각가격의 20~30% 정도를 넣어야 한다.(법원과 사건마다 다름) 이는 저 번 매각절차의 낙찰자가 잔금을 미납했으니 신중히 생각하여 입찰하라는 경고의 표시이다.

재매각의 경우 통상 1개월 후에 다시 매각이 진행되는데, 잔금을 미납한 전 낙찰자가 재매각일 3일 이전까지 미납한 잔금과 지연이자, 절차비용을 납부하면 재매각은 취소되고 전 낙찰자가 소유권을 취득하게 된다.

사건번호는 뭐고,
물건번호는 또 뭐죠

사건번호 : <u>2016</u> <u>타경</u> <u>2110</u> <u>(3)</u>
　　　　　 ①　　②　　③　　④

① 2016

경매 접수 연도

② 타경

법원에 접수된 사건 중 경매를 뜻하는 표시로, 타경, 타기, 즈단, 카합,
등 수십 가지 종류가 있다. '타경'은 경매 사건에, '카단'은 부동산 가압
류 사건에, '타기'는 강제집행을 위한 인도명령 신청 시 부여된다.

③ 2110

이 매각물건의 고유번호. 2016년에 2110번째로 부쳐진 매각물건이
라는 뜻이다.

④ (3)

물건번호. 동일 채무자 소유의 여러 부동산을 동시에 경매로 진행할 때 물건별로 번호가 부여된다. 하나의 부동산엔 특별히 번호를 붙이지 않고, 2개 이상의 부동산을 진행할때 부동산별로 1부터 차례대로 부여한다. 즉, 5개의 부동산을 동시에 매각할 때는 같은 사건번호에 1번부터 5번까지 각각의 물건번호를 부여한다.

여기서 주의할 점은 동시매각으로 진행하는 매각물건은 단 한 개라도 낙찰이 안 되면 어느 물건도 배당이 진행되지 않는다는 것이다. 소액이든 전액이든 배당을 받는 세입자가 있는 상황이라면 전 물건이 낙찰될 때까지 기다려야 하므로 시간이 얼마나 걸릴지 모른다. 따라서 동시매각의 물건을 입찰할 때는 신중하게 생각하고 결정해야 한다. 본인이 입찰하려는 물건에 물건번호가 여러 개 있다면, 실수로 잘못 표기하는 일이 없도록 해야 한다.

물건이 모두 매각되어야만 배당이 이루어지는 동시매각의 이런 불합리한 점으로 요즘엔 채권자가 채무자 한 사람의 여러 부동산을 함께 경매로 신청할 때, 개별사건으로 신청하여 사건번호를 따로 부여받는 때가 많다. 채권자는 모든 물건이 매각될 때까지 기다리는 것보다 하나의 부동산이 매각될 때마다 채권을 회수하는 것이 유리하기 때문이다.

주민등록번호는 같은 번호가 존재하지 않지만, 경매에서 매각하는 부동산의 사건번호는 같은 경우도 있다. 법원마다 사건번호가 각각 부여되는데 '2016타경123'란 사건번호가 수원지방법원에도 평택지방법원, 대전지방법원에도 똑같이 있을 수 있다는 말이다. 사건번호는 같지만 집행법원이 다르므로 이들은 서로 별개의 물건이다.

기일입찰표,
이기려면 미리 작성하라

1) 입찰보증금을 몰수당한 사람들

예전에 필자가 3명 중 2등으로 입찰가를 적어 제출했으나 낙찰이 된 적이 있다. 그 이유는 그중 가장 높은 금액을 쓴 사람이 사건번호를 잘못 적었기 때문이었다. 필자보다 200만 원이나 높게 쓰고서도 낙찰에 실패했던 것이다. 집행관에게 사정했지만 결국 낙찰의 행운은 필자의 몫이었다. 입찰을 잘해야 낙찰도 가능하다는 점을 명심하자.

입찰금액을 잘못 기재한 사람도 봤다. 2억3,000만 원을 기재한다는 것이 0을 하나 더 적어서 23억 원에 입찰한 사람도 봤다. 2억 원 정도의 물건을 23억에 낙찰받은 상황이라 잔금을 내게 되면 약 21억의 손해를 보는 것이고, 잔금을 미납하게 되면 입찰보증금을 몰수당하게 생겨 버렸다. 결국 낙찰을 취소시켜 달라며 '매각불허가'를 신청했지만 받아들여지지 않아 결국엔 2,300만 원을 미납했다.

위 사례는 필자가 직접 경험하고 옆에서 본 사건이다. 이런 사고가 제법 일어난다. 실수하고 난 후엔 후회해도 소용없다. 법원에서는 절대 사정을 봐주지 않는다. 입찰보증금을 몰수당하던지, 원치 않는 가격으로 매수하는 수밖에 없다.

이런 실수는 누구나에게 일어날 수 있다. 요즘 경매 법정에 가면 많은 인파로 발 디딜 틈이 없다. 법정 안에 서 있을 자리도 없어서, 법정 밖에서 많은 사람들이 대기하기도 한다. 이런 광경을 목격하고 입찰서를 작성하려 하면 마음에 동요가 일어난다. 많은 사람이 내가 입찰하려는 물건에 같이 입찰할 것 같은 생각이 들고 가격을 올려야만 낙찰받을 것 같은 조바심이 생긴다. 결국, 불안한 심리를 이기지 못하고, 처음 생각한 입찰가를 올려 쓰는 사람도 생긴다.

그런데 문제는 급매보다 더 비싸게 낙찰받는 사람도 생긴다는 것이다. 필자도 경매를 처음 접하는 초보 시절에 이런 심리로 입찰가를 올려 쓴 때도 있었는데, 지금은 입찰 전날에 미리 작성하므로 이런 일은 절대 없다. 수익률을 고려하여 산정한 입찰가를 되도록 고쳐 쓰지 않는 것이 좋다. 입찰할 물건은 얼마든지 있다.

필자는 입찰표를 평소에 미리 여러 장을 출력해 보관하고 있다가 입찰 하루 전 미리 가격을 산정하고, 기일입찰서에 빠짐없이 기재한 다음 몇 번을 다시 확인한다. 그 덕에 입찰서를 잘못 작성하는 일은 없다. 보증금도 입찰 전날에 수표 한 장으로 준비하는 것이 편하다. 현금으로 갖고 다니다 보면 부피나 분실 위험 때문에 부담스럽기도 하다. 따라서 일일이 확인할 필요도 없고, 보증금을 잘못 준비할 일도 없는 수표가 더 안전하다.

2) 기일입찰표 작성 방법

기일입찰표는 인터넷에서도 어렵지 않게 양식을 구할 수 있다. 입찰 전날에 수익률을 계산해서 입찰가를 산정하고 미리 작성해 두면, 가격을 올려 쓰고 싶은 충동을 억제할 수도 있고, 시간에 쫓겨 기일입찰표를 잘못 작성하는 실수도 방지할 수 있다.

(앞면)

기 일 입 찰 표

지방법원   집행관   귀하   입찰기일 :   년   월   일

❶ 사 건 번 호		타경 호	❷ 물건 번호	※물건번호가 여러개 있는 경우에는 꼭 기재

입찰자	❸ 본인	성명			전화번호	
		주민(사업자) 등록번호		법인등록 번 호		
		주 소				
	❹ 대리인	성명			본인과의 관 계	
		주민등록 번호		전화번호	—	
		주 소				

❺ 입찰 가격	천억	백억	십억	억	천만	백만	십만	만	천	백	십	일	원	❻ 보증 금액	백억	십억	억	천만	백만	십만	만	천	백	십	일	원

보증의 제공방법	☐ 현금자기앞수표 ☐ 보증서	보증을 반환 받았습니다. 입찰자

① 사건번호	매각물건의 사건번호를 정확히 적는다.
② 물건번호	물건번호가 있을 때만 적는다.
③ 본인	매수희망자의 인적사항을 적는다. (매수희망자가 입찰할 경우)
④ 대리인	매수희망자 대신 대리인이 입찰할 때 적는다. 대리인 자격으로 입찰 시엔 기일입찰서 뒷면의 위임장도 작성해야 한다. (대리인이 입찰할 때는 매수희망자의 인적사항을 본인 난에도 작성한다. 즉, 본인과 대리인을 모두 작성해야 한다.)
⑤ 입찰가액	매수하고 싶은 가격을 적는다. 가격은 아라비아숫자 정자체로 또박또박 적어야 한다. 잘못 적었다고 두 줄로 긋거나 수정 후 다시 적으면 무효처리가 되니, 숫자 하나라도 잘못 적으면 꼭 처음부터 다시 작성해야 한다.
⑥ 보증금액	최저매각가격의 10%를 적고, 보증금으로 제출한다. 입찰가격의 10%가 아니라 최저매각가격의 10%이다. 간혹 재매각물건은 입찰보증금이 20~30%인 경우도 있다. 물건마다 다르니 입찰서를 작성하기 전에 꼭 확인한다. 법원에서 정한 기준 입찰보증금보다 적게 적거나, 제출하면 무효처리가 되니 주의한다.

이상, 입찰서 작성방법에 대해 알아봤다. 모든 것이 중요하지만 가장 중요한 것은 '입찰금액'의 작성이다. 만약에 1억 원에 입찰한다는 것이 실수로 0을 하나 덜 써서 1,000만 원에 제출했다면 무효처리가 되고 끝이지만, 하나 더 써서 10억 원에 입찰했다면 낙찰이 되어 곤란한 상황에 처하게 된다. 일일이 칸이 나뉘어 있는데, 어느 누가 그런 실수를 하느냐고 반문할지 모르지만 실제로 그런 사람이 허다하다. 입찰금액은 신중히 작성하고, 다시 한 번 제대로 적었는지 반드시 살펴보자.

5

실전!
경매 법정에서 입찰하기

집에서 법원으로 출발하기 전에 대법원 경매사이트나 유료 경매사이트에 방문하여 해당 물건이 진행되는지 확인한다. 간혹 입찰 당일 경매가 취하되는 경우도 있다. 법정에서 도착해서도 입찰 게시판을 확인해야 한다. 입찰 시작 전에 취하되기도 하는데, 아쉽지만 그냥 돌아와야 한다. 입찰개시와 마감 시간은 보통 오전 10~11시 30분인데 법원마다 다소 차이가 있으니 입찰할 때마다 확인하는 것이 좋다. 필자는 자주 가는 법원 입찰시간을 아예 적어 놓고 다녔는데, 마감 시간이 바뀌어서 입찰을 못 한때도 있다. 그러니 되도록 입찰할 때마다 확인하라.

1) **준비물** 신분증, 도장(아무 도장이나 상관없음), 입찰 보증금
대리인이 입찰하는 때에는 매수인의 인감도장, 신분증, 위임장, 인감

증명과 대리인의 신분증, 도장도 필요하다. 실수로 도장을 안 가져가서는 당황하게 될 때도 있다. 입찰하러 가는 때도 있는데, 각 법원 근처에 도장을 판매하는 곳이 있다. 10~20분이면 새로 만들 수 있으니 참고하기 바란다.

2) **입찰 전 확인사항** 특별한 내용이 없는 사건이라면 법대 앞에 있는 사건 기록을 열람하지 않아도 되나, 등기부등본과 전입세대열람원이 기록에 있는 경우도 있으니 임차인과 소유자의 관계를 알고 싶을 때는 열람해보면 간혹 의외의 정보를 얻을 수도 있다.

3) **기일입찰표 작성하기** 기일입찰표를 형식에 알맞게 작성한다(작성대에 견본도 있으니 참고하면 된다). 보증금 봉투에 보증금을 넣고 사건번호를 적는다. 입찰 봉투에 사건번호와 입찰자를 적고, 도장을 찍은 다음 기일입찰표와 보증금 봉투를 넣고 밀봉한다.

4) **입찰함에 입찰봉투 투입** 한 번 입찰함에 넣은 입찰 봉투는 회수나, 입찰 취소 요청, 다시 작성 제출 등이 절대로 용납되지 않는다.

5) **개찰 및 최고가 매수인 결정** 입찰 마감 시간이 지나면 개찰하고 최고가매수신고인을 정한다. 최고가매수신고인은 경락의 표시로 입찰

보증금 보관증을 바로 발급받고, 나머지 사람들은 그 자리에서 보증금을 돌려준다.

6) 최고가매수인이 되다 최고가매수인이 되면 입찰보증금 보관증을 발급해주는데, 이 보관증을 받아서 나오면 법정 입구에서 축하한다며 명함을 건네주는 분들이 있다. 은행과 잔금 대출을 연결해주는 중개인인데 일반은행에서 대출이 안 되는 물건도 대출 가능한 사례도 있으니 귀찮다 생각하지 말고 주는 명함은 다 받아서 보관해 놓자.

7) 차순위매수신고는 뜻밖의 행운?

입찰 종료 후 개찰이 진행되고, 매각물건에 최고가매수신고인(낙찰자)가 정해지면, 집행관은 차순위매수신고를 하려는 사람이 있는지 묻는다. 이때 일정한 요건을 갖추면 차순위매수신고가 가능한데, 차순위매수신고를 하면, 낙찰자가 잔금을 미납하면 차순위매수신고인에게 낙찰의 자격을 준다.

차순위매수신고 요건은 최고가매수신고인의 입찰금액에서 입찰보증금을 제한 금액보다 큰 금액으로 입찰한 사람이다. 보통은 2순위 입찰자가 차순위매수신고를 하지만, 입찰금액이 위의 요건에 맞는다면 3순위 입찰자도 가능하다.

예) 최저매각가격 1억1,000만 원이라 하면,

　1순위 입찰자 1억5,300만 원 (최고가매수신고인)
　2순위 입찰자 1억4,600만 원
　3순위 입찰자 1억4,100만 원

위의 예에서 차순위매수신고가 가능한 입찰금액의 기준은 최고가매수신고인의 금액에서 입찰보증금 1,100만 원을 제한 1억4,200만 원이 된다. 2순위 입찰자는 이 금액보다 높게 응찰했으므로, 차순위매수신고의 자격이 있다. 3순위 입찰자는 기준 금액보다 적게 응찰했으므로 차순위매수신고의 자격이 없다.

정말로 낙찰받고 싶은 물건을 근소한 차이의 금액으로 낙찰 받지 못해서, 매각물건을 포기하지 못하고 차순위매수신고를 하는 사람들이 종종 있다. 간혹 낙찰자가 대금을 미납하여 차순위매수신고인에게 행운의 기회를 가져다주기도 한다.

그러나 이런 상황은 극히 드물다. 낙찰자는 매각물건을 낙찰받고 잔금을 납부하여 소유권을 이전할 마음으로 입찰한다. 자금이 부족해서 미납하는 경우도 있다. 하지만 매각물건에 하자가 있거나 보이지 않는 함정을 낙찰 후에 발견하여 어쩔 수 없이 미납하는 상황도 종종 발생한다. 이런 물건을 낙찰자가 미납했다고 좋아하며 무턱대고 잔금을 납부하면 곤란한 상황에 처할 수도 있다.

또한 차순위매수신고를 하게 되면 낙찰자가 잔금을 납부하거나 경매 절차가 취소되어야만 신고할 때 납부한 입찰보증금을 돌려받을 수 있다. 만약에 낙찰자가 정해지고 잔금을 납부하기 전에 경매 취소 신청이 접수되어 심사에 들어가게 되면 이 신청이 인용 또는 기각 결정이 날 때까지 기다려야 한다. 통상 이 기간이 1, 2개월 정도 걸린다.

예전에 필자의 지인이 아주 마음에 들어 하는 땅에 입찰했는데 2위를 해서 낙찰 받지 못했고, 혹시라도 낙찰자가 잔금을 미납하면 매수하려는 생각에 차순위매수신고를 했다. 그런데 며칠 후 위의 상황처럼 소유자와 채권자사이에 경매취소 소송이 진행되었다.

소송은 6개월 넘도록 진행되었고 그 기간 보증금을 돌려받지 못해 곤란해 했다. 결국엔 소유자가 승리하여 경매도 취소됐다. 7개월이 지난 후에 보증금을 돌려받기는 했지만 2,000만 원이 넘는 금액을 법원에 고스란히 묶인 결과가 된 것이다. 위의 사례에서 보았듯이 차순위매수신고는 상당 기간 자금이 묶이는 점을 고려하여 신중히 결정해야 한다.

6

2,000만 원짜리 주택도 대출이 가능하다?

가계대출액의 증가에 따른 위험성을 해결하기 위하여 2016년부터 적용된 새로운 주택담보대출심사가 더욱 까다로워졌다. 가장 큰 특징은 대출자의 소득 수준 심사가 강화되었다는 점이다. 대출금을 잘 갚을 수 있는지 보겠다는 뜻이다. 기존의 주택담보대출 상환 방식은 3~5년 정도의 거치기간에 이자만 내고 이후에 원금과 이자를 갚아가는 거치식 분할상환 방식이었는데, 새로운 제도는 처음부터 원금과 이자를 같이 갚아가는 비거치식 분할상환 방식을 적용하고 있다. 아래의 사례에서 다룰 주택담보대출을 이해하기위해 제1금융권과 제2금융권에 대해 간략히 알아보자.

1) **제 1금융권** 일반은행, 지방은행, 특수은행 등이 있는데 국민은행, 기업은행, KEB하나은행, 신한은행, 우리은행 등, 약 20여 개의 은행이

있다. 이 중 농협과 수협은 중앙회와 단위로 나뉘는데 중앙회는 제1금융권, 단위는 제2금융권이며 원예농협, 축협은 제2금융권에 속한다.

2) 제2금융권 단위농협, 단위수협, 축협, 원예농협, 증권회사, 보험회사, 투자신탁회사, 새마을금고, 신용협동조합, 상호저축은행 등을 말한다. 제2금융권은 제1금융권보다 대출요건이 더 쉬운 대신 금리가

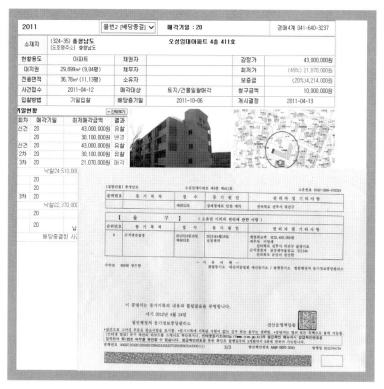

〈소액으로 낙찰받은 아파트와 대출내역〉

높은 단점이 있다.

옆 페이지의 그림은 필자가 몇 년 전에 낙찰받고, 매도한 아파트다. 낙찰금액이 약 2,200만 원에 불과하다. 은행에서 주택을 낙찰받고 대출을 실행하려면 보통 낙찰가에서 주택임대차보호법상의 최우선변제금을 공제하고(보통 방 빼기라 부름) 대출금액을 산정한다. 낙찰받고 대출을 받은 시기는 2012년 4월 기준으로 주택임대차보호법의 소액임차인 최우선변제금은 1,400만 원이 된다. 이때 다른 조건은 고려하지 않기로 하고 대출가능금액을 산정해보면 낙찰가에서 1,400만 원을 제한 800만 원이 최대 가능한 금액이다.

그런데 사진에서 보다시피 필자는 약 1,780만 원 정도의 금액을 대출받았다(은행에서 근저당 설정 시 보통 원금의 120~130%의 금액을 등기부등본에 설정한다. 그래서 사진에서 대출금액이 2,240만 원으로 등재되었다). 낙찰금액의 약 80%를 받은 것이다.

여기서 경매의 장점이 나타난다. 이 정도 금액의 주택은 사실상 은행에서 대출 자체가 어렵다. 그러나 경매를 통하면 일반 매매로 대출받는 금액보다 더 많이 가능하며 일반 은행에서는 대출이 안 되는 물건들, 간혹 법정지상권, 유치권, 선순위가등기 등의 특수물건도 대출이 가능하다. 이는 소유한 자본금이 적은 사람들에게는 매우 유용한 부동산 매입 수단이 된다.

필자가 1,000만 원으로 경매를 시작할 수 있었던 이유도 여기에 있다. 제2금융권은 제1금융권보다 더 많은 금액의 대출이 가능하며 조건도 덜 까다로우나 이율이 조금 더 높으니 장기투자보다는 단기투자에 적합하다 할 것이다.

앞서 말한 내용 중 낙찰받고 경매 법정을 나설 때 대출중개인의 명함을 받아 보관하라는 이유가 여기에 있다. 이율이 조금 더 높고, 어느 정도 수수료가 들겠지만 제2금융권의 경락대출을 적절히 잘 사용한다면 최저금액 대비 최고효과를 얻을 수 있게 된다.

앞서 설명한 최대한 대출을 많이 받은 사례는 소액의 자본금을 투자하고 최대한 효과를 얻기 위한 단기투자를 위한 방법이다. 과도한 대출로 많은 이자를 내며 장기투자를 시도하는 행위는 무척 위험하다. 무피투자를 위해 과도한 대출을 받은 후 전세금을 최대한 올려 세를 놓는 방식은 장기투자에 적합하지 않으니 피해야 할 투자방식이다. 잘못하면 하우스푸어가 될 수도 있으니 신중히 생각해야 한다.

7

낙찰 후 필요한 비용은
얼마나 될까

경매로 부동산을 낙찰 받으려 할 때에 낙찰 가격뿐만 아니라 들어가는 비용도 생각해야 한다. 부동산의 특성상 물건 자체의 가격이 제법 단위가 크므로 낙찰 후 들어가는 비용도 생각보다 큰 금액이 필요하니 미리 생각하고 준비하지 않으면 곤란해지기 쉽다. 통상 낙찰 후 큰 금액이 들어가는 비용에는 법무 비용, 세금, 수리비, 명도비, 미납관리비 정도이다. 법무 비용과 세금은 낙찰 가격으로 사전에 어느 정도 금액이 필요한지 가늠되지만 수리비와 명도비, 미납관리비는 주택의 크기와 가격, 거주자에 성향에 따라 낙찰자가 결정해야 하는 부분이니 이는 낙찰자 본인이 예상되는 비용을 적절히 잘 산정해야 한다. 지금부터는 얼마나 비용이 드는지 자세히 알아보자.

1) 법무 비용 대출을 이용하게 되면 은행에서는 법무사를 통해 소유

권이전과 동시에 은행을 권리자로 하는 근저당권을 설정한다. 은행은 개인보다 거래가 잦은 법무사에 더 믿음이 가므로 주로 거래하는 법무사에게 의뢰한다. 법무비용은 소유권이전등기와 은행의 근저당 설정에 필요한 법무사의 인건비라고 보면 되는데, 2가지 일을 병행함으로 영수증도 보통 2장으로 나눠서 작성해준다. 법무사마다 약간 다르게 받지만 두 영수증의 금액을 합하면 세금과 채권매입비용을 제외하고 통상 대출금액 1~2% 정도가 적정금액이라 생각하면 된다.

일반 매매에 의한 은행대출에 비해 경락잔금대출은 소유권이전과 정부터 다르고, 복잡한 특성이 있으므로 경매에 의한 잔금대출에 드는 법무비용은 생각보다 많이 청구될 수도 있다. 간혹, 2% 이상 과다하게 요구하는 때에는 비용조정을 요구하여 비용을 낮추도록 해보자. 또한, 법원에서 명함을 받은 대출중개인을 통한 대출이라면 대부분 중개인의 수고비를 법무 비용에 포함해서 요구하므로 생각보다 금액이 많게 느껴질 수도 있다.

2) **세금** 주택을 매수할 때 내는 세금으로는 취득세, 농어촌특별세, 지방교육세가 있다. 세율은 정부정책에 따라 자주 바뀌는 법이니 그때그때 확인하는 것이 바람직하다. 세금은 카드로도 납부가 가능하다.

취득가액	면적	취득세	농특세	교육세	합계
6억 원 이하	85㎡ 이하	1%	면제	0.1%	1.1%
	85㎡ 초과		0.2%		1.3%
6억 원 초과 9억 원 이하	85㎡ 이하	2%	면제	0.2%	2.2%
	85㎡ 초과		0.2%		2.4%
9억 원 초과	85㎡ 이하	3%	면제	0.3%	3.3%
	85㎡ 초과		0.2%		3.5%

85mm² 이하의 아파트를 1억 원에 낙찰 받으면,

1억 원×1.1% = 110만 원이므로

110만 원의 세금을 납부해야 한다.

3) **국민주택채권** 주택을 매수할 때는 의무적으로 국민주택채권을 사야 한다. 국민주택채권은 매입 후 보관해도 되는데, 나중에 받는 이자가 얼마 되지 않기에 보통은 사자마자 바로 할인해서 매도한다. 할인율은 매일 약간의 차이가 있는데, 국민주택채권을 산 후, 그날의 할인율로 할인하면 채권비용이 나온다. 할인율은 대한법무사협회 홈페이지(www.kjaa.or.kr)에서 확인할 수 있다. 취득세, 등록세 등 각종 지방세의 과세기준을 위해 공시된 토지 및 주택의 가액을 시가표준액이라 하는데 채권 매입액은 보통 이 시가표준액의 1~3% 사이이다.

예를 들어 1억 원에 서울의 주택을 낙찰받았을 때, 시가표준액이 8,500만 원이라면 여기에 해당하는 채권 매입비율은 2.1%가 되고, 그 날의 할인율이 2.6%라 하면,

채권매입비 = 85,000,000 × 0.021 = 1,785,000원

할인 = 1,785,000 × 0.026 = 46,410원

그러므로 채권매입비용은 46,410원이 된다.

4) 미납 관리비, 공과금 미납관리비는 전유부분과 공용부분으로 나눠서 생각하면 된다. 전유분분은 낙찰자가 내지 않아도 되지만, 공용부분은 납부해야 한다고 생각하면 된다.

개인이 사용한 전기세, 수도세, 가스비 등은 낙찰자가 인수하지 않아도 되지만, 경비 인건비, 승강기유지비, 청소비, 공용전기료 등은 낙찰자가 인수해야 한다는 이야기다. 그러므로 미납관리비가 있다면 공용부분에 관한 비용은 꼭 알아둬야 하고 명도 협상 카드로 사용해야 한다.

참고로 공용부분에 관한 금액이라도 연체료는 인수하지 않는다. 즉, 공동주택(아파트, 연립주택 등)에서는 관리비를 미납하면 연체료를 부과하는데 기간이 길어지면 이 연체비도 꽤 큰 금액이 된다. 그러므로 미납관리비가 여러 달 미납되었다면 이 금액 중 공용부분에 관한 금액만 연체료는 제외하고 납부하면 된다.

5) **기타 비용** 명도비용, 수리비용 등이 있다. 배당을 전부 받거나 많이 받는 세입자의 경우에는 명도비용이나 이사비용 없이 명도를 쉽게 해결하기도 하지만, 한 푼도 못 받고 나가는 세입자나 전 소유자의 경우에는 그냥 나가는 때가 별로 없다. 이럴 땐 주택의 크기와 거주자의 성향에 따라 잘 협상해야 한다. 상황에 따라 명도비용이 많이 들어가기도 하고 한 푼도 안 들기도 하기에 해결은 낙찰자의 몫이라 생각된다.

앞서 말했듯 낙찰받은 주택이 너무 지저분하고 낡았다면 깔끔해 보일 정도로 수리하는 것이 낫다. 필자는 낙찰받은 주택을 대체로 수리하는 편이다. 수리비용이 조금 들더라도 집이 깨끗해 보이면 같은 가격이라도 더 빨리 매도가 가능하기 때문이다.

8

소유권이전등기
내 손으로 직접 하기

낙찰받은 부동산의 잔금 납부 시 대출을 이용한다면 은행에서 법무사를 지정하여 근저당권 설정과 동시에 소유권이전등기를 해서 정리해주니 딱히 낙찰자가 소유권이전 등기를 할 필요는 없다. 그러나 소액으로 물건을 낙찰받거나 대출을 이용하지 않는다면 굳이 법무사를 통하지 않고, 등기를 직접 해보길 권한다.

일반매매의 소유권이전등기보다 절차가 복잡하고 준비서류도 많은 편이지만, 진행 과정에서 비용도 많이 절감되고 등기법의 전반적인 지식도 익히게 된다. 모르는 것이 있을 때마다 법원과 구청에 문의하면 친절하게 설명해주니 어려워 말고 도전해보자. 몇 시간이면 가능하다.

다음은 부동산 소유권이전등기를 위한 절차를 방문 순서대로 나열했다. 잔금과 세금을 납부하고 소유권이전등기 촉탁신청서와 필요 서류를 제출하는 것으로 소유권이전등기 절차가 마무리되는데, 대봉투에 우편요금을 넣어 접수자에게 요청하면 소유권이전등기가 완료된 등기필증을 우편으로 보내주기도 한다.

1) 경매물건 소유권이전등기 절차

① 해당 법원에서 잔금납부하기

준비물 : 잔금기일통지서(대금지급기한일 통지서), 신분증, 도장

ㄱ. 해당 경매계 : 잔금납부서 발급

ㄴ. 법원 은행 – 잔금 납부

ㄷ. 해당 경매계 – 매각대금완납증명서, 부동산 목록 발급

ㄹ. 법원 인지, 증지 판매소 – 인지 구입 후, 매각완납증명서에 붙임

ㅁ. 경매문건접수계 – 매각대금완납증명서(2부)와 법원보관금영수증과 부동산 목록을 제출하면 매각대금완납증명서 1부에 도장을 찍어서 돌려줌

◈ '잔금대금납부 및 매각대금완납증명발급' 절차는 해당 법원마다 차이가 날 수 있으므로 법원경매계에 직접 문의 후 절차를 따르는 것이 좋다.

② 관할 구청 세무과에서 세금 납부하기

ㄱ. 민원실 – 주민등록등본, 등기부등본 각 1부씩 발급, 토지대장, 건축물관리대장, 공시지가확인원 각 2부씩 발급

ㄴ. 세무과 – 부동산 및 말소 건수에 대한 등록세, 취득세 등 고지서
발급

ㄷ. 근처 은행 – 고지서 납부

ㄹ. 은행 – 국민주택채권매입 (우리 · 농협 · 신한 · 하나 · 기업은행에서
취급)

③ 해당 법원에 서류 제출

ㄱ. 법원 인지, 증지 판매소 – 소유권이전등기 증지, 말소증지 구매

ㄴ. 해당 경매계 – 소유권이전등기 촉탁신청서와 필요 서류 제출

참고로, 잔금을 납부하는 순간 낙찰자는 소유권을 취득한다. 소유권
등기이전서류를 접수하고 등기부등본에 낙찰자의 이름이 기재되는
시점이 해당 부동산의 소유자가 되는 것이 아니라 잔금을 납부하는 시
점에 소유권을 취득하게 되는 것이다.

2) 소유권이전등기 필요서류 작성법

부동산소유권이전등기 촉탁신청서

사건번호 :   타경   **부동산임의(강제)경매**

채권자 :

채무자(소유자) :

매수인 :

위 사건에 관하여 매수인 _____는(은) 귀원으로부터 매각허가결정을 받고 _____년 ___월 ___일 대금전액을 완납하였으므로 별지목록기재 부동산에 대하여 소유권 이전 및 말소등기를 촉탁하여 주시기 바랍니다.

첨부서류

1. 부동산목록	4통
2. 말소할 등기목록	4통
3. 세액계산목록	1통
4. 등록세영수필확인서 및 통지서	1통
5. 주민등록등본	1통
6. 토지대장	1통
7. 건축물관리대장	1통
8. 공시지가확인서	1통
9. 부동산등기부등본	1통

년 월 일

신청자 (매수인)   (인)

연락처 :

지방법원   귀중

◈ 서류 순서는 약간 틀려도 상관없다. 접수 담당자가 바로 잡아준다.

부동산 목록

1동의 건물의 표시

대전시 동구 가오동 ○○○

철근콘크리트조 평스라브지붕 5층 ○○○ 아파트

지층 526.35m²

1층 623.85m²

2층 617.25m²

3층 617.25m²

4층 617.25m²

5층 617.25m²

전유부분의 건물의 표시

건물의 번호 : ○○동 3층 ○○호

구조 : 철근콘크리트조

면적 : 59.86m²

대지권의 목적인 토지의 표시

토지의 표시 : 대전시 동구 가오동 ○○ 대 52,025m²

대지권의 종류 : 소유권

대지권의 비율 : 52,025 분의 26,846

◈ 위의 기재 목록은 예시이고, 낙찰자는 매각물건의 현황에 맞게 등기부등본을 보고 작성하면 된다.

말소할 권리목록

번호	접수 날짜 및 접수번호	등기목적
1.	을구 2003년 10월 3일 접수 제 15268호	근저당권설정
2.	갑구 2005년 5월 12일 접수 제 32511호	압류
3.	갑구 2006년 1월 24일 접수 제 02595호	가압류
4.	을구 2007년 8월 16일 접수 제 16625호	저당권

◈ 등기부등본의 갑구와 을구 등재사항 중 날짜가 빠른 순서로 기재하면 된다. 등재 날짜가 같다면 접수 번호가 작은 것부터 기재한다.

세액계산 목록

1. 새액의 표시

낙찰대금	금	원
등록세	금	원
교육세	금	원
합계	금	원

2 과세표준액과 국민주택채권의 표시

1) 토지과표 계산금액

＿＿＿＿＿＿＿＿원   채권 : ＿＿＿＿＿＿원

2) 건물과표 계산금액

＿＿＿＿＿＿＿＿원   채권 : ＿＿＿＿＿＿원

채권합계 금 ＿＿＿＿＿＿원

3) 말소등기 등록세

＿＿＿＿＿＿＿건

＿＿＿＿＿＿＿원

대박내려면
특수물건을 해야만 한다?

　요즘에는 저금리와 불경기로 많은 사람들이 경매시장에 뛰어든다. 일반 매매로는 수익을 내기 쉽지 않자 경매로 많은 사람들이 몰리게 되었다. 경매에 관심을 두고 입찰하는 사람들이 늘어나자 평범한 물건으로는 수익을 내기가 쉽지 않은 현실이 되어 버렸다. 이제 각종 서적과 매체에서는 특수물건에 투자를 해야 한다며 이를 권유한다.

　물론 특수물건을 낙찰받고 제대로 처리한다면 일반물건보다는 큰 수익을 낼 수도 있다. 그러나 그 이면에 보이지 않는 단점에 관해서 말하는 이가 없다.

　흔히 얘기하는 특수물건이란 지분, 유치권, 법정지상권, 선순위가등기, 선순위가처분 등이다. 특수물건을 지금은 거의 안 하지만, 경매에 처음 입문할 땐 모든 것을 알려하는 우를 범했다. 그래서 열심히 공부해서 공인중개사 자격증도 취득했으며 여러 종류의 특수물건도 도전했다. 지분, 유치권, 법정지상권, 위장임차인 등 생각보다 큰 어려움 없이 해결했는데, 이제와 생각하니 운이 좋았다고 생각된다. 물론 위장임차인 물건은 거주자만 파악하면 해결되는 사건으로 다른 물건에 비해 비교적 처리가 쉽다. 거주자 파악이 어려우면 입찰을 안 하면 그만이니 특별히 어려움을 겪지 않았다. 지금도 즐겨하는 종류의 사건이다.

예전에, 모든 종류의 특수물건으로 수익을 내기 위해 도전하던 중 선순위가등기 물건을 낙찰 받게 됐다. 가등기란 매매계약을 하지만 나중에 소유권을 이전받기로 합의하고 임시로 하는 등기로서, 등기부등본상 최우선 설정된 가등기를 선순위가등기라한다.

선순위가등기로 수익을 내려면 이 등기가 무효임을 밝혀내어 등기부등본에서 말소시켜 권리 상 깨끗한 상태로 만들어야 한다. 필자는 이 선순위가등기가 허위로 등재된 사실을 알았고, 담당 변호사도 쉽게 해결할 수 있는 사건이라 말했다. 쉽게 해결하여 큰 수익으로 돌아올 줄 알았다. 그러나 필자는 중요한 사실을 모르고 있었다. 선순위가등기는 그 등기의 적법여부를 떠나 소송을 통해야만 말소가 가능하다는 점이다.

　살면서 소송을 한 번이라도 해 본 사람이라면, 소송이 얼마나 사람을 힘들게 하는지 알 것이다. 소송은 패자는 물론이요, 승자에게도 상처만을 남긴다는 것을 말이다. 오죽하면 소송에 승리해도 남는 건 '상처뿐인 영광'이라고들 하는가.

　등기법상 무조건 소송으로만 말소가 가능하다는 말에 소송을 진행했다. 대법원소송(3심)까지 진행되며 결과적으로 필자가 승소하긴 했지만, 3년이라는 기나긴 시간이 걸렸다. 그 사이 주택 가격은 하락하였고 많은 금융비용에 시간 낭비까지 정말 고생을 많이 했다. 큰 수익은커녕 소송에서 패했다면 자본금마저 날릴뻔 했다. 그나마 위안이라면 법의 특성에 대해 알게 됐고 소송기술에 대해 배웠다는 것 정도이다. 3년이란 소송기간동안 소송에 대해 무척이나 많이 공부해서 지금은 조금 미흡하지만 혼자서도 소송을 진행할 정도는 되었다.

　여기서는 가등기사건만 다루었지만 법정지상권, 유치권 등도 협상이 잘 안되면 소송으로 진행해야 한다. 본인이 직접 처리할 수 있다면 모를까 이런 특수물건들은 신중하게 접근해야 한다. 자금이 오랜 기간 묶일 수도 있으며 잘못하면 큰 손해를 볼 수도 있다.

　필자도 경매 공부를 시작하던 예전에는 모든 종류의 물건에 도전했었지만 별로 권하고 싶지는 않다. 임대차보호법만 제대로 알아도 많은 물건에 입찰할 수 있으며, 대부분의 사람들과 다른 시각으로 물건을 바라보면 경쟁률은 낮고 낙찰률이 높은 물건을 찾을 수 있다.

PART
5

AUCTION

강제집행
없이도
명도율 100%
가능하다

1

명도가 무서워
경매를 못하겠다고요?

경매하는 사람들이 가장 어렵게 생각하는 부분이 명도다. 권리분석은 공부하면서 익히면 되고, 현장조사도 몇 번 하다보면 자연스럽게 몸에 익힐 수 있다. 그러나 명도는 좀 다르다. 낙찰받은 주택에 거주하는 사람을 내 보내는 일인데, 각양각색의 사람을 상대하려니 보통 힘든 게 아니다. 권리분석도 입찰도 잔금납부도 다 할 수 있는데 명도가 겁나서 못 한다는 분들을 봤다. 필자도 사실 명도를 가장 껄끄러워하는 일이지만 두려워하진 않는다.

　명도는 주택에 거주하는 점유자를 내보내고 열쇠를 넘겨받는 과정이다. 경매로 매각된 주택엔 보통 소유자나 세입자가 거주한다. 임차보증금을 전부 배당받고 나가는 세입자는 배당신청과 이사를 가야 하는 번거로움을 제하면 정말 운이 좋은 경우이지만, 대부분의 세입자나 소유자는 재산의 일부 또는 전부를 손해 보며 집을 비워줘야 하는 입장이다.

그러니 명도에 대한 저항이 있을 수밖에 없다. 당연한 현실인 것이다.

주택이 경매에 처해지면 소유자든, 세입자든 주변에 자문을 구한다. 가장 쉽게는 집 주변 공인중개사무소에서 알아보며 좀 더 심각한 상황이라면 법무사, 변호사에게까지 조언을 구한다. 그 과정을 거치며 본인이 처한 상황에 대해 객관적으로 인지하기 시작한다. 집이 경매에 처해지면 결국엔 비워줘야 한다는 것을 그들도 알게 된다. 단지 그냥 비워주기에는 억울한 마음이 드니 낙찰자에게 호소하는 것이다. 당신의 안타까운 사정을 알아달라고 말이다.

여기에 명도의 해법이 있다. 점유자가 집을 비워줘야 한다는 사실을 알고 있다면 어떻게 하면 점유자가 집을 무난하게 비워줄지 그 점에 초점을 맞춰야 한다. 가끔은 속상한 마음만 잘 이해해주고 응대해 주면 무난히 비워주는 사람도 있다. 결국에 명도는 점유자의 마음을 얻는 일이 중요하다. 필자는 이를 항상 염두에 두고 명도에 임한다.

그래서 되도록 강제로 내보내려 하지 않으며, 아직 강제집행을 해 본 적이 없다. 명도 과정에서 협상은 대화이고, 강제집행은 다툼이다. 점유자를 대화로 내보내고 주택을 인도받을 것인지, 다툼으로 내쫓고 주택을 인도받을 것인지는 순전히 낙찰자가 점유자를 대하는 방법에 달려 있다. 주택을 인도받는 결과는 같지만, 대화는 서로 편한 마음으로 헤어질 수 있지만 다툼은 서로에게 상처만을 남긴다는 사실을 잊지 말자.

2
낙찰 후 바로
현장방문 하는 게 더 좋은 이유

필자는 부동산을 낙찰받으면, 대체로 당일 해당 부동산에 방문한다. 혹자들은 아직 잔금을 납부하지 않아서 아무런 권리도 없는데 방문하지 않는 것이 좋다고 하지만 필자는 좀 다르게 생각한다. 물론 낙찰자의 신분은 매각물건을 최고가로 매수 신청한 사실만 있을 뿐 아직 해당 부동산에 아무런 권한도 없는 상태이다. 그러나 낙찰받았다는 사실은 매수 의사가 있다는 표현이며, 특별한 일이 없는 한 잔금을 납부하고 소유권 이전을 하겠다는 말이다.

잔금을 납부한 순간부터 낙찰자에게 소유권이 넘어온다. 그러나 소유권이 이전된 시점부터 각종 의무도 부담해야 한다. 예를 들면, 잔금 납부하기 전의 관리비는 거주자가 부담해야 하지만 잔금을 납부하고 소유권이 이전되면 낙찰자가 관리비도 책임져야 한다. 물론 거주자가 납부해야 하는 것이 당연하지만, 강제로 집이나 상가를 비워줘야 하는 사람에게 납부하라 요구하기가 쉽지만은 않다.

그래서 필자는 낙찰받으면 바로 매각물건 소재지로 간다. 낙찰 후 잔금 납부기한까지는 짧게는 40일에서 길게는 60일까지의 시간이 걸리므로 이 시간 내에 대부분 명도협상까지 마무리 짓는다.

가끔은 잔금을 아직 납부하지 않아, 소유권이 이전되지 않은 상태에서 매수자가 생겨 미리 매매계약을 체결하고 잔금을 납부하자마자 매도하여 많은 수익을 올린 경우도 있다. 그리고 미리 방문하면 미처 알지 못했던 함정이나 커다란 하자 등 예상 밖의 사실을 발견할 때가 있다. 이때는 낙찰불허가 신청이나 매각불허가 신청을 해서 손실을 최대한 줄이는 방법을 찾을 수도 있다. 하지만 잔금을 납부나면 더 이상 돌이킬 수 없는 상황이 되어 되돌릴 방법이 없어지므로 낙찰 당일에 방문하는 것을 주저하지 마라.

낙찰 후 처음으로 점유자를 대할 때는 너무 많은 것을 하려 하지 마라. 아직 잔금도 납부하기 전이며 처음부터 명도에 대해 강하게 말하면 점유자는 방어막을 치고 경계 태세로 돌입하며 강경하게 대응하려 하기 때문이다. 첫 만남에서는 점유자의 이야기를 최대한 많이 들어주어야 한다. 점유자 자신의 얘기를 계속하다보면 마음 속의 분노와 경계자세는 서서히 누그러지게 마련이다.

필자는 낙찰 받은 부동산의 80% 이상, 잔금을 납부하기 전에 명도협상을 마무리 지었다.

"경매가 진행되는 동안 스트레스가 많이 쌓이셨죠?"

"매각결정이 나고 잔금납부기한이 정해지면, 잔금만 내면 바로 소유권이 넘어오는 건 아시죠?"

"실례가 되지 않는다면 무슨 일을 하시는지 알 수 있을까요?"

이처럼 말하는 중간중간 적절한 질문으로 점유자의 성향을 파악하고, 경매지식은 어느 정도인지 평소 생활 수준은 어느 정도인지 가늠한다. 질문할 때는 반감이 생기지 않게 강압적으로 물어보지 말고 자연스럽고 부드럽게 슬쩍 건네 보아야 한다.

또한 "혹시 제가 잔금을 납부하면 어디로 이사 가실지 알아보고 계신가요?"

"잔금을 납부하고 소유권이 넘어오면, 그때부터는 무상으로 거주하시는 거니까 사용료를 지불하셔야 되는 거 아시죠?"

이런 식으로 이사계획을 물어보고 잔금을 납부한 시점부터 부동산 사용료를 지불해야 한다는 사실을 넌지시 흘림으로써, 한 달이라는 기한동안 점유자에게 마음의 준비를 하게 하는 것이 나중에 명도하기에 유리하다.

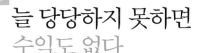

3 늘 당당하지 못하면
수익도 없다

너무나도 쉬운 명도 물건만 접하던 필자에게 처음으로 명도의 무서움(?)을 느끼게 해준 사례가 있다. 지금은 요령도 생기고 처리 횟수가 늘어 단련됐지만 이 물건을 낙찰받고 첫 방문은 정말이지 너무도 힘들었다.

필자는 아이 둘을 키우는 아버지로서 평소에도 죄를 짓지 않으려고 노력한다. 그런 필자가 얼마나 가슴이 떨리고 어찌나 주눅이 들던지 아직도 그때의 심정을 잊지 못한다. 아니, 죽을 때까지 잊지 못할 것 같다.

명도를 하러 간 집은 소유자가 임차인으로 신고 되어 있었다. 차라리 진짜 임차인이었으면 오히려 좋았을 것이다. 소유자 명의는 어머니로 되어 있었으나 실은 딸의 집이었으며, 언니가 부동산 문제로 소송에 휘말리며 어머니 명의로 되어 있으므로 경매로 처분되었던 것이었다. 소유자인 딸은 소유권이전등기 하루 전에 전입 신고한 것으로 임차인으로 신고하여 얼마라도 배당금을 받으려 하고 있었다. 사정이 이러니 실 소유자인 점유자의 저항이 얼마나 거셀지 상상해 보시라.

언니가 모두 해결해 준다는 말을 믿고 있던 동생은 필자가 방문하자마자 바로 언니에게 전화했고 언니는 그 즉시 달려 왔다. 그러더니 필자와 싸우자는 듯 맹렬하게 자신이 하고 싶은 말만 쏟아부었다.

"무슨 이유로 여기 오신 거죠?"

"아, 제가 이 집을 낙찰받아서요…."

"그런데요, 왜 오신 거냐고요. 아직 잔금도 안 냈잖아요."

필자가 말을 채 끝내기도 전에 자기가 할 말만 내뱉었다.

"예, 아직 잔금은 안냈지만 매각 허가 결정 나면 바로 납부할 겁니다. 그래서 잔금 납부하기 전에 여기에 사시는 분도 궁금했고요, 배당 받으시려면 제 명도확인서하고 인감증명도 필요하니 그 부분에 대해 상의 드리려고 했지요."

임차인이 아니라는 것은 알고 있지만, 배당금을 받으려면 낙찰자의 인감증명과 명도확인서가 필요하다는 말을 흘렸다. 필자는 여기까지밖에 말을 못했다. 이후로 이 언니라는 사람의 말이 화살처럼 계속 날아와 가슴에 꽂혔다.

"무슨 잔금을 내요, 내가 다 해결해서 경매 취하될꺼니까 웃기는 소리 하지 말고요. 다시는 동생 집에 찾아오지 말아요. 오늘처럼 또 찾아오면 가만히 안있을테니. 무슨 자격으로 와서 난리야, 난리가…."

난리는 자신이 부리면서, 필자에게 막말을 해댔다. 나중에는 무슨 말을 했는지도 모르겠다. 조금 듣고 있자니 그냥 머리가 멍해졌다.

10분도 채 지나지 않아 도망치듯 집을 나왔다. 아무 생각 없이 걷다가 아파트에서 한참 떨어진 길가에 주저앉았다. 가슴이 아팠다. 태어나서 처음 느껴보는 가슴 통증이었다. 정말 그렇게 가슴이 아픈 것은 처음이었다. 문득, 이러다 쓰러지는 게 아닌가 하는 생각도 들었다.

시간이 지나니 조금은 가라앉았으나 여전히 가슴이 답답하고 통증이 있었다. 혹시나 하는 생각에 약국에 들러 진통을 가라앉히는 약을 사 먹을 수밖에 없었다. 다행히도 약효가 좋아서 극심했던 통증은 30분쯤 지나자 가라앉았다.

시간이 흘러 예상했던 대로 언니는 결국 경매를 취하시키지 못했다. 필자는 점유자와 잘 협상하였고 큰 문제 없이 명도를 마무리 지었다. 당연히 언니라는 사람은 다시 만나지 않고 해결했다. 지금 와서 생각해 보면 동생에 미안한 마음에 더 억지를 부리고 큰 소리를 내지 않았나 싶다. 참으로 안타까운 일이다.

명도과정에서 이 정도의 고된 과정을 거쳤더니, 지금은 웬만한 명도는 유연하게 대처하게 됐다. 고난 속에서 배움을 얻은 것이다.

점유자가 대화가 안 통하는 듯하고 막무가내로 나오면 그냥 조용히 집을 나와라. 시간이 지난 후 다시 협상하거나 만나기 불편하면 전화로 하면 된다. 전화도 불편하면 서면으로 협상하라. 굳이 얼굴 붉히는 상대방을 마주할 필요는 없다. 낙찰받은 집을 방문해서 거주자를 만날 때는 절대 주눅 들지 말며 당당 하라. 낙찰자는 죄인이 아니다. 다른 입찰자보다 더 높은 금액을 써서 채무자의 빚을 조금이라도 더 탕감하는 데 일조한 사람이며, 임차인에겐 얼마라도 더 배당을 받게 해준 사람이다. 부실채권을 해결하는 역할로 국가 경제에도 보탬이 됐다고 생각해야 한다. 그러니 전 소유자나 임차인에게 주눅 들 필요는 없다.

물론 거주자에게 함부로 하란 얘기가 아니다. 현재 거주하고 있는 사람은 소유자든 임차인이든 원하지 않게 집을 비워줘야 하는 입장이니, 그분들의 심정을 최대한 헤아려 서로 상처받지 않고 원만히 해결되도록 하는 것이 최상의 방법이다.

'사람은 언제 어디서 또 만나게 될지 모른다.'

아직도 이런 마음가짐으로 거주자를 대한다. 필자가 배우려고도 알려고도 하지 않은 것이 강제집행이다. 단 한 번도 시도해 보지도 않았으며 아직도 그럴 생각이 없다. 앞으로도 필자가 강제집행을 하는 일이 없기만을 바랄뿐이다.

4
나는 사업 잘하는
유령과 동업한다

필자는 동업관계도 없고 공동투자도 잘 안한다. 동업이나 공동투자를 하게 되면 혼자 진행하는 것보다 수월하고 자금의 여유도 더 있을 수 있다. 그러나 매수금액과 매도금액, 매도시점 등 민감한 부분에서 의견이 엇갈려 감정이 상할 우려도 있다. 공동투자를 하게 된다면 되도록 적은 인원이 함께해야 분란의 소지도 줄어든다.

이렇듯 항상 혼자서 투자를 하지만 다른 사람에게는 동업자가 있음을 내세운다. 이는 경매의 전반적인 절차에 걸쳐 매우 중요하게 쓰인다. 그런데 재미있는 것은 동업하지만 실제 동업자는 존재하지 않는다. 도대체 무슨 말도 안 되는 소리인지 궁금하시리라. 유령, 즉 가상의 인물을 동업자로 만드는 것이다.

이 동업자는 시세파악도 하고 물건을 매도할 때도 관여하지만, 특히 명도할 때 최고의 실력을 발휘한다. 사람들이 말하기 어려운 사항은 대게 핑계를 대기 마련이다. 명도 과정에서 가상의 동업자는 큰 힘을 발휘하게 되는데, 점유자의 마음을 달래고 협상하는데 무척 유용하게 쓰인다. 특히, 이사비용과 날짜를 협의하는데 가상의 동업자를 이용하면 좋다.

필자가 실제 사용했던 대화를 소개한다(중개업소, 점유자, 인근주민 등 매각물건과 연관된 사람을 만날 때마다 필자는 항상 녹음한다).

낙찰받은 아파트에 점유자와 명도협상을 할 때의 대화이다.

전, 후의 잡다한 내용은 빼고, 중요 부분만 다루겠다.

"언제쯤 집을 비워주실 수 있는지요?"

"글쎄요. 시간도 촉박하고, 이사 갈 돈도 없고…."

"날짜를 제대로 말씀해주셔야 저희도 거기에 맞춰 일정을 잡습니다."

"이사비용은 얼마나 줄 수 있어요?"

"말씀드렸다시피, 제 돈은 조금밖에 들어가지 않아서요, 동업하시는 분이 거의 모든 자금을 대고, 저는 거의 심부름하는 입장이라 동업하시는 분과 상의를 해야 하거든요."

"그건 제가 알바 아니고요, 이사비를 얼마나 줄 수 있는지 얘기해주세요."

"그럼, 제가 동업하는 분과 상의를 한 번 해보겠습니다."

잠시 통화하고 온다며 밖으로 몇 분간 나갔다가, 다시 들어와서 대화를 이어간다.

"제가 잘 말씀드렸는데요, 동업하시는 분이 이사비용을 드릴 의무가 없는데 왜 낙찰자에게 요구하냐고 하시네요. 이분 성격이 조금 까칠하셔서요."

"뭐예요? 맘대로 하세요. 집 비워주지 않을 테니."

"그러지 마시고, 제가 잘 말해 볼 테니 얼마정도 드리면 빨리 나가주실 수 있는지요."

잠시 망설이더니 "뭐, 200만 원 정도 주신다면 빨리 비워드릴게요."

"예, 얘기해 보겠습니다."

또 나갔다가 온다.

"저, 사정 말씀을 잘 드렸는데도, 동업하시는 분이 절대 안 된다고 하시네요. 차라리 강제집행을 할 테니, 그렇게 전하라 합니다."

"예? 맘대로 하세요!"

될 대로 되라며 화를 낸다.

점유자가 화를 낼 때는 굳이 말을 많이 하려 하지 마라. 역효과 나기 쉽다.

"하여간, 제가 잘 말해보겠습니다. 가서 상의해보고 연락드릴게요."

이렇게 말하고, 나왔다. 당장 협의를 하지 않아도 된다.

조금의 시간이 지나고 나면, 점유자의 감정은 수그러들고 자연스레 자신을 돌아보게 된다. 시간이 지난 후 전화를 건다. 몇 시간이 지난 후도 괜찮고, 하루 이틀, 시간이 흐른 후에 해도 된다.

"상의했는데요, 이사비용을 너무 무리하게 요구하셔서요. 50만 원까지는 드릴 수 있는데, 더 이상은 무리라고 하시네요."

"예? 50만 원이요? 지금 장난해요? 조금 더 생각해 주세요."

"말씀드렸다시피 저는, 거의 심부름만 하는 입장이라서요."

"50만 원으로 이사를 어떻게 해요."

"저도 사정을 얘기 했는데도 그렇게 많이 못 드린다네요. 휴, 제가 다시 사정을 말해보겠습니다."

전화를 끊었다 다시 건다.

"동업하시는 분에게 말씀드렸더니, 한 달 내에 집을 비워주신다면 80만 원까지 드릴 수 있답니다."

빠른 명도를 위해 조건을 제시하고 약간의 금액을 더 제시한다.

결국, 100만 원에 합의하고 잔금 내고 1주일 만에 집 열쇠를 넘겨받았다. 이처럼 가상의 동업자를 만들어 두면 여러 면에서, 특히 명도할 때 많은 도움이 된다. 내가 직접 말하기 어려운 부분은 모두 동업자 평계를 대면된다. 나는 잘해주고 싶어도, 동업자 성격이 거칠어서 상의하기가 쉽지 않다는 인상을 주면 굳이 점유자와 내가 얼굴 붉힐 필요가 없어진다. 당신은 무조건 얘기를 최대한 들어주고 점유자에게 좋은 방향으로 협상을 하고 싶다고 보여주라.

낙찰받은 나는 당사자이지만 협상의 순간만은 제 3자의 입장으로 중개자가 되면 협의를 원만히 이끌어 낼 수 있게 된다.

어려운 일은 무조건 가상의 동업자에게 미루는 것이다. 동업자는 깐깐하고 힘든 사람이라는 암시를 계속주면 동업자에게 잘 말해달라고 당신에게 하소연하게 된다. 가상의 동업자는 최대한 불편하고 나쁜 사람으로 만들고 당신은 착한 사람으로 만들어라. 그러면 협상은 더 쉬워진다.

5
이사비용은
낙찰자의 의무 사항이 아니다

명도할 때 가장 고민하게 되는 것은 이사비용이다. 거주자에게 많은 비용을 지불하면 명도도 쉽게 이루어지고 서로 실랑이를 하지 않아도 될 것이다. 그러나 점유자가 요구하는 대로 모든 금액의 이사비용을 지불할 수도 없으며, 이사비용을 많이 줄수록 나의 수익은 줄어든다. 매입 시 납부하는 취득세, 매도 시 납부하는 양도세, 수리비, 중개수수료, 기타 비용 등 낙찰가 이외에 큰 액수의 돈이 필요하다. 그러니 어느 과정에서든 한 푼이라도 아껴야 하며 그중 큰 비중을 차지하는 것이 이사비용이다.

명도를 하다 보면 대부분의 거주자는 낙찰자에게 이사비를 요구한다. 가끔은 황당한 금액의 이사비를 요구하는 거주자도 만나게 된다. 엄밀히 말하면 낙찰자는 점유자에게 이사비를 지급할 법적 근거나 의무가 없다. 경매에 처해 집을 비워줘야 하는 거주자의 처지를 십분 이

해하여 조금이라도 도움을 주고자 지급하는 금액이지 낙찰자가 지급해야만 하는 비용이 아니다.

필자는 시세대비 정말 저렴하게 낙찰 받아 수익이 현저히 많이 나는 물건은 대체로 이사비용을 후하게 준다. 그러나 그런 경우를 제외하면 이사비용을 최대한 줄이려 노력한다. 앞서 말했듯이 각종 비용을 제외하면 결국 이사비 또한 나의 수익을 줄어들게 만드는 비용이기 때문이다.

이사비용을 협상할 때는 우선 상대가 처한 상황을 잘 파악해야 한다. 특히 밀린 공과금이 있는지 사전에 파악해야 한다(이 금액은 현장조사 때 알고 있어야 한다). 밀린 관리비가 있다면 이를 협상 카드로 이용해야 하며, 잔금을 납부한 시점부터 무상으로 거주하고 있는 점을 상기시켜 협상에 유리하도록 유도해야 한다.

점유자는 이사비용을 최대한 부르려 한다. 그럼 여기서 적당히 낮춰서 협상하면 안 된다. 점유자가 생각지도 못할 적은 금액을 제시해야 한다. 그러면 심리적인 한계선이 자연스레 낮게 형성되고, 낙찰자가 원하는 금액에 협상을 마무리 지을 수 있게 된다. 이사비로 100만 원을 지불할 용의가 있다면 50만 원을 먼저 제시해야 하며, 50만 원을 지불할 용의가 있다며 0원 또는 20~30만 원을 최초로 제시해야 한다. 이때 필요한 사람이 가상의 동업자인 것이다. 필자가 주로 쓰는 방법을 예로 들어보겠다.

"이사비용은 얼마 정도 주실 거죠?"

"이사비용요? 동업하시는 분은 그냥 내보내려 하시던데요?"

"무슨 말도 안 되는 소리를 하세요? 이사비용을 주셔야 집을 비워드릴 수 있어요!"

"글쎄요, 저번에도 그냥 내보냈는데, 한 번 말씀드려보겠습니다. 그런데, 이사비용으로 얼마를 생각하세요?"

"200만 원 정도는 주셔야지요."

많이 달란다고 그 자리에서 흥분할 필요는 없다. 잠시 시간을 두고 동업자와 통화한 것처럼 행동한다.

"30만 원 이상은 안 된답니다."

"예? 지금 장난하는 거예요? 30이 뭐예요. 30이…."

"동업자분은 워낙 이사비를 잘 안 주시는 분이라서요. 어차피 그분은 점유자를 만날 일이 없으니 항상 강하게 나가더라고요."

이 정도 대화가 되면, 점유자는 한발 물러서게 된다.

"좋아요, 그럼 30만 원은 너무하고, 100만 원만 주세요."

"아마 안 된다고 하실 텐데… 제가 다시 사정을 말씀드려 보겠습니다."

다시 통화한 척한 후 "50만 원까지는 드릴 수 있는데, 더 이상은 어렵다고 하십니다. 더 이상 요구하시면 그냥 집행하는 게 속 편하다고 말씀하시네요."

"절대 100만 원 안 주시면 못 나갑니다."

"어휴~ 제가 중간에서 입장이 곤란하네요. 마지막으로 한 번만 더 말씀드려 보겠습니다."

밖으로 나가 잠깐 통화하는 척하고, 밀린 관리비 해결, 빠른 명도 등 조건을 제시하며 약간 금액을 올려 협상하면 대부분 응하게 마련이다.

"만약에, 잔금 납부하는 날부터 1주일 안으로 비워주시면 80만 원까지는 생각해 보시겠답니다. 그 이상은 안 된답니다."

이 정도로 대화가 진행되면 보통 80~100만 원 사이에 이사비용이 결정된다. 중요한 점은 이사비용을 협상하는 과정에서 원칙적으로 낙찰자가 지불하지 않아도 되는 비용임을 강조하며 점유자에게 이사비용을 지불하는 조건으로 빠른 명도와, 밀린 관리비의 해결 등 낙찰자가 원하는 바를 점유자로부터 얻어 내야 한다.

중요한 점은 이사비용을 협상하는 과정에서 원칙적으로 낙찰자가 지불하지 않아도 되는 비용임을 강조해야 한다. 그래야 이사비용을 요구하는 점유자에게 낙찰자가 원하는 바를 요구할 수 있다. 이사비용을 지급하는 조건으로 낙찰자가 원하는 시기에 맞춰 빠른 명도를 해 줄 것을 요청하고, 밀린 관리비의 해결도 요구하고, 현 시설물의 상태를 온전히 보존해 줄 것을 요구하자. 이사비용은 넉넉히 줄 수 있으면 좋지만, 점유자 입장에서는 얼마를 챙겨주든지 만족하지 못한다. 그러니 낙찰자가 부담 가지 않는 금액에서 협상을 마무리할 수 있도록 하고, 이사비용 지급의 대가로 명도가 수월하게 진행될 수 있도록 점유자의 협조를 요구해야 한다.

6

합의한 내용은
반드시 서면으로 남겨라

이사비용, 이사 날짜, 미납관리비 등 점유자와 합의하면 필히 그 내용을 문서로 남기는 것이 좋다. 구두로 약속하면 잊어버리기도 쉬울뿐더러, 글로써 내용을 남기게 되면 그 약속을 지켜야 한다는 마음이 은연중 마음속에 자리 잡게 된다.

사람들이 그 당시 처한 상황에서 갖게 된 마음은 대체로 시간이 흐르면 바뀌기도 한다. 열심히 합의했는데, 어느 날 다른 사람의 이야기를 듣고 말을 바꾸거나 이사 날짜를 변경하기도 하고 이사비용에 대해서 다시 얘기를 꺼내는 경우가 있다. 미리 합의한 내용을 합의서(또는 협약서)로 남겨 놓으면, 다른 마음을 갖더라도 다시 한 번 생각하게 되고 말을 바꾸는 것조차 어려워한다. 점유자의 부당한 요구에 서로 협의한 문서를 제시하며 말하면 더 쉽게 해결할 수 있다.

합의서 작성에는 특별한 형식이 없는데, 보통 합의한 사람의 인적사항, 이사 날짜, 현 시설물의 상태와 이사비용 등 약속한 내용을 기재한다. 내용에 약속을 어길 시에 받을 불이익으로 무상 거주에 따른 임료 청구와 동시에 소유권을 온전히 행사하지 못해 발생한 손해배상을 청구한다고 강조하면 점유자는 은연 중 무형의 압박을 받게 되고, 결국 합의서에 작성된 약속을 지키려 노력하게 된다. 이때, 제목에 '각서'라는 단어를 넣어주면 더욱 효과적이다.

합의 및 이행각서

성명 :

주민등록번호 :

주소 :

상기본인은 위 주소지 주택의 점유자로서 전 소유자인 _____과 임대차계약에 의하여 현재까지 살고 있습니다. 낙찰자인 ○○○과 아래와 같이 합의한 내용을 작성합니다.

- 아 래 -

- 해당주택을 _____년 _____월 _____일까지 낙찰자인 ○○○에게 자진하여 명도하여 줄 것임을 약속합니다.
- 만일 위 기일까지도 자진하여 명도를 아니할 경우 명도를 약속한 _____년 _____월 _____일부터 명도 시까지 매월 매월 월 _____만 원의 임료와 법적조치 비용(소송비용 및 집행비용)을 낙찰자인 ○○○에게 지불할 것임을 확약합니다.
- 건물에 부착된 전등, 싱크대 등 부착물과 시설물은 현 상태로 두고 전기, 가스, 상ㆍ하수도 등의 공공요금 역시 이사일까지 정산 후 이사할 것을 약속합니다.

년   월   일

위 각서인 세입자   인

위 내용 및 부동산 업무에 성실히 협조할 경우
배당금 수령용 명도확인서 발부 및 _____ 약속합니다.

년   월   일

위 각서인 낙찰자   인

7

펜의 힘은
생각보다 강하다

소유자가 됐든 세입자가 됐든, 명도를 위하여 협상하는 도중 상대방이 흥분하며 과격해지면 대화를 계속 이어가지 마라. 감정이 격해진 상태에서는 옳고 그름을 판단할 생각도 들지 않으며 자신이 잘못 했더라도 인정하기 쉽지 않은 것이 사람의 속성이다. 그러니 계속 말해봐야 역효과만 나기 쉽다. 이럴 때는 조용히 그 자리를 피한 다음 헤어지고 나서 '내용증명'을 보내는 것이 훨씬 효과적이다. '펜이 칼보다 강하다'고, 말보다 글로 적힌 내용증명 한 통의 힘은 정말 강력하다.

　필자는 내용증명을 자주 이용하는 편이다. 내용증명이란 일단의 내용을 상대방에게 요구하기 전에 그 요구 내용을 증거로 남기기 위해 이용하는 문서로써, 발신자의 요구사항이 적힌 문서 3부(수신자용, 발신자용, 우체국 보관용)를 작성하여 우체국에 방문하면 된다. 그러면 우체국에서는 3부에 우체국 직인을 찍어 한 통은 수신자에게 보내고, 한 통은 우체국에 보관하며, 마지막 한 통은 발신자에게 돌려준다(요즘엔 인터넷으로도 내용증명 발송이 가능하다).

내용증명은 상대방에게 심리적인 압박을 가하는 방법으로 쓰이며, 법적 효력으로는 발신자가 언제, 어느 때, 어떤 주장을 했는지 정도의 증거로 작용한다. 법적인 근거를 들어 압박하면 내용증명을 받아 보는 입장에서는 심리적으로 위축될 수밖에 없다. 내용증명을 보낼 때는 법적인 내용을 많이 첨부하는 것이 좋고, 실제 처벌받았던 판례와 법적 조항을 인용하면 효과가 훨씬 좋다. 그 실례는 다음과 같다.

'A씨는 경매를 방해하여 700만 원의 벌금형을 받았다.'

'B씨는 허위유치권신고를 하여 2년의 징역형을 선고 받았다.'

'점유자의 명도거부로 낙찰자가 마음대로 사용할 수 없어 손해를 입었으니, 월 ○○만 원의 임차료를 손해배상으로 청구할 것이며 이는 점유자의 동산을 압류하여 충당하겠다.'

첫 만남에서 무리한 요구를 하거나 협상이 잘 이루어지지 않으면 그 자리에서 굳이 대답을 요구하거나 결정을 강요하지 말고, 그냥 내용증명을 보내라. 내용증명을 받아 보면 열에 아홉은 먼저 전화를 걸어온다. 적힌 내용을 꼼꼼히 읽어보고, 주변에 조언을 구하다 보면 어쩔 수 없이 집을 비워줘야 한다는 생각이 들게 되고, 정말 법적으로 처리하게 되면 자신이 더 불리하다고 느껴 전화하게 되는 것이다. 낙찰자에게 전화를 건 그 순간부터는 낙찰자가 유리한 입장에서 협상을 주도할 수 있고 무난하게 명도를 마무리 지을 수 있게 된다.

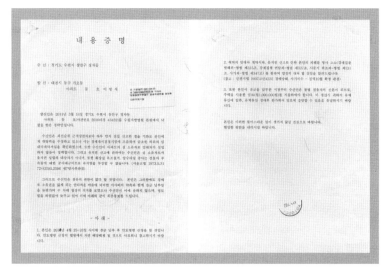

〈실제 발송했던 내용증명 사례〉

내용증명

수 신 : 경기도 수원시 장안구 정자동 8○○ – ○
　　　 ○○아파트 ○○○동 ○○○호
발 신 : 대전시 동구 가오동 ○○○아파트 ○○○동 ○○○호 이 명 재

발신인은 20__년_월_일 경기도 수원시 장안구 정자동 8○○ – ○ ○○아파트 ○○
○동 ○○○호(사건번호 20○○타경 ○○○호)를 수원지방법원 본원에서 낙찰을 받은
경락인입니다.

수신인은 최선순위 근저당권자보다 하루 먼저 전입 신고한 점을 기화로 본인에게
대항력을 주장하고 있으나 이는 경매개시결정기일에 즈음하여 급조한 허위의 임대
차계약서임을 확인하였으며, 또한 수신인이 아파트의 실 소유자로 임대차가 성립하
지 않음이 명백합니다. 그리고 유치권 신고에 관하여는 수신인은 실 소유자로써 유
치권 성립의 대상자가 아니며, 또한 화장실 욕조철거, 방수타일 공사는 건물의 부속
물에 대한 공사대금이므로 유치권을 주장할 수 없습니다. (서울고법 1973.5.31 72나
2595,2596 제7민사부판결)

그러므로 수신인은 점유의 권한이 없다 할 것입니다. 본인은 그러함에도 경매로 소
유권을 잃게 되는 안타까운 마음에 넉넉한 이사비의 약속과 함께 잔금 납부일을 늦
춰가며 수차례 협상의 의지를 보였으나 수신인이 이에 응하지 않으며, 명도일을 하
염없이 늦추고 있어 이에 아래와 같이 최종통보를 드립니다.

- 아래 -

1. 본인은 20_년 4월 25~26일 사이에 잔금 납부 후 인도명령 신청을 할 것입니다. 인도명령 신청 시 법원에서 자연 배당배제 될 것으로 사료되니 참고하시기 바랍니다.

2. 허위의 임대차 계약서와, 유치권 신고로 인한 본인의 피해를 형사 고소(경매입찰 방해죄 – 형법 제315조, 강제집행 면탈죄–형법 제327조, 사문서 위조죄–(형법 제231조, 사기죄 – 형법 제347조) 를 통하여 엄정히 대처할 것임을 알려드립니다. 참고 : 인천지법 2007고단4235 경매방해, 사기미수 – 징역10월 확정 판결)

3. 또한 본인이 잔금을 납부한 시점부터 수신인은 불법 점유자의 신분이 되므로, 주택을 사용한 임료 (월 1,000,000원)를 지불하여야 합니다. 미 정산시 귀하의 유체동산에 압류, 유체동산 경매후 환가하여 임료에 충당할 수 있음을 유념하시기 바랍니다.

본인은 이러한 불미스러운 일이 생기지 않길 진심으로 바랍니다. 현명한 판단을 내리시길 바랍니다.

위의 내용은 실제 발송했던 것으로 처음 방문 때, 허위 임차인임을 알고 적당한 이사비용을 주고 협상하려 했으나 진짜 임차인이라 주장하며 과격하게 나왔다. 임대차계약서는 경매개시 즈음에 허위로 작성한 사실을 알고 있었기에, 내용증명을 보냈고 다음 날 연락이 와서 어렵지 않게 협의하고 명도를 수월하게 마무리했다.

8

내용증명
설득력 있게 잘 쓰는 요령

내용증명에는 특별히 정해진 형식은 없다. 그러나 기본적인 작성법을 알아두면 차후에 경매 외의 사회생활에서도 요긴하게 쓰일 때가 있다. 그러니 기본 작성법을 숙지한 후 상황에 맞춰 바꿔 쓰면 된다.

1) 작성 순서

① 제목 : 상황에 맞는 제목을 적는다. '최고서', '최후통보', '매매계약 해지통보', '법적 절차 통보' 등 '내용증명'보다 더 효과적인 제목을 써야 받아 보는 사람에게 심리적 압박이 제대로 가해진다.

② 당사자 : 쟁점의 당사자인 발신인의 성명과 주소를 기재하고, 다음 줄에 수신인의 성명과 주소를 기재한다.

③ 내용 : 자신의 상황을 설명하고, 앞으로 진행할 절차를 고려하여 내용을 작성한다. 이때 법적인 근거를 들며 기술하면 더 효과적이다.

④ 서명 : 문서를 작성하면 발송인의 성명과 도장을 날인한다.
(3부를 작성해서 각 문서마다 날인하고 문서 간 간인을 한다.)

2) 상황별 법적 근거

① 형법 제327조(강제집행 면탈죄) - 강제집행을 면할 목적으로 재산을 은닉, 손괴, 허위양도 또는 허위의 채무를 부담하여 채권자를 해한 자는 3년 이하의 징역 또는 1,000만 원 이하의 벌금에 처한다.

② 형법 제231조(사문서 위조죄) - 허위 계약서를 제시할 때. 행사할 목적으로 권리, 의무 또는 사실증명에 관한 타인의 문서 또는 도화를 위조 또는 변조한 자는 5년 이하의 징역 또는 1,000만 원 이하의 벌금에 처한다.

③ 형법 제140조의2(부동산강제집행효용침해죄) - 강제집행으로 명도 또는 인도된 부동산에 침입하거나 기타 방법으로 강제집행의 효용을 해한 자는 5년 이하의 징역 또는 700만 원 이하의 벌금에

처할 수 있다.

④ 형법 제315조(경매, 입찰의 방해죄) - 유치권, 임대차관계 등을 허위로 신고 시 위계 또는 위력 기타 방법으로 경매 또는 입찰의 공정을 해한 자는 2년 이하의 징역 또는 700만 원 이하의 벌금에 처한다.

⑤ 소송촉진등에관한특례법 제3조 제1항 - 본 우편 수령 후 일주일 이내 명도하여 주지 않으면 잔금을 납부하여 본인에게 소유권이 발생한 20 년 월 일부터 귀하가 건물을 명도하는 날까지 법원 감정평가액 _____ 원에 대한 연 20%에 해당하는 금액을 월세조로 금 _____ 원을 무상거주에 대한 부당이득과 본인의 손해배상액조로 청구하오니 양해하여 주시기 바랍니다. (대법원 1998. 7. 10 선고 98다15545 판결)

⑥ 인천지법 2007고단4235(허위유치권 징역형 판결) - 실제 공사를 한 것처럼 허위 계약서를 작성한 후 이를 근거로 경매법원에 허위의 유치권신고를 함으로써 적정한 가격을 형성하는 공정한 자유 경쟁이 방해될 우려가 있게 하여 경매의 공정을 해하였다. (징역 10월, 집행유예 2년)

⑦ 부산지법 2011고단5691(허위유치권 실형 판결) - 허위 유치권의 신고로 인해 경매의 공정을 해하고 사기미수에 해당한다고 인정되어 허위 유치권자는 8월의 실형을 판결 받았다.

내용증명을 그냥 작성할 때 보다 위의 법적근거를 들어 작성하면, 점유자는 심리적 압박을 더 느끼게 된다. 본인이 점유할 마땅한 권원이 없음을 알고 있으므로, 무작정 명도를 거부하거나 허위주장을 계속하면 진짜로 형사상 불이익을 받을 수도 있다는 생각을 하게 되는 것이다. 그러니, 내용증명을 작성할 때는 위의 법적근거를 본인의 상황에 맞게 각색하여 발송하자.

마음은 따뜻하게,
실무는 냉철하고 이성적으로

앞서 밝혔듯이 필자는 지금까지 단 한 번도 강제집행을 한 적이 없다. 또한 얼굴을 붉히며 실거주민을 내 보낸 적도 없다. 되도록 원만히 합의를 보아 명도를 마무리하려 하는데, 가끔은 힘들게 하는 사람들도 있다. 여기서 마음은 따뜻하게 점유자를 배려해야 하지만, 진행은 냉철하게 해야 한다. 점유자를 배려하는 것은 좋지만 점유자의 말만 무조건 믿고 마냥 기다리면 낭패를 당할 수 있기 때문이다.

219페이지의 내용은 필자가 예전에 낙찰받은 아파트에 대한 것이다. 필자가 낙찰받은 주택은 낙찰부터 명도까지 2개월을 넘긴 경우가 거의 없다. 이 아파트는 낙찰받고 명도까지 거의 6개월이 걸렸는데, 2개월을 넘긴 것은 이 아파트가 유일하다.

맞벌이 부부였는데, 주말부부로 남편은 지방에 거주하며 자녀가 딸만 3명으로 고등학교와 중학교에 다닌다고 했다. 모두 사춘기라 한참

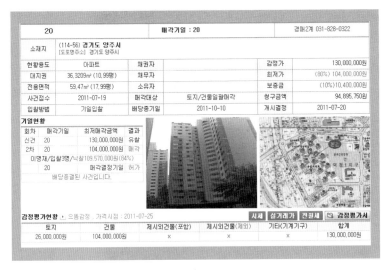

20		매각기일 : 20		경매2계 031-828-0322	
소재지	(114-56) 경기도 양주시 [도로명주소] 경기도 양주시				
현황용도	아파트	채권자		감정가	130,000,000원
대지권	36.3209㎡ (10.99평)	채무자		최저가	(80%) 104,000,000원
전용면적	59.47㎡ (17.99평)	소유자		보증금	(10%)10,400,000원
사건접수	2011-07-19	매각대상	토지/건물일괄매각	청구금액	94,895,750원
입찰방법	기일입찰	배당종기일	2011-10-10	개시결정	2011-07-20

기일현황

회차	매각기일	최저매각금액	결과
신건	20	130,000,000원	유찰
2차	20	104,000,000원	매각
이명재/입찰3명/낙찰109,570,000원(84%)			
	20	매각결정기일	허가
배당종결된 사건입니다.			

감정평가현황 ● 으뜸감정 . 가격시점 : 2011-07-25   [시세] [실거래가] [전월세] [🔍 감정평가서]

토지	건물	제시외건물(포함)	제시외건물(제외)	기타(기계기구)	합계
26,000,000원	104,000,000원	×	×	×	130,000,000원

〈명도하는데 가장 오랜 시간이 걸렸던 아파트〉

예민할 시기이니 조심해야 한다며 부탁하기에, 전화하고 만나는 것조차 조심스러웠다. 필자도 항상 거주자에게 상처를 주지 않으려 노력하는데 이 집에는 사춘기 여자아이가 셋이나 있으니 무척 조심스러웠다. 게다가 얼마 전 남편이 조금 다쳐서 치료를 받고 있어서 어려운 상황이라며 하소연을 했다.

사정이 너무 딱해서 거주기간을 원하는 데로 유예해 주었다. 협의서에 도장도 찍고 7월 초에 꼭 이사 가기로 했다. 잔금납부 시점이 2월 말이었으니 거의 5개월 가까이 시간적 여유를 준 것이다. 그사이에는 전화 한 번 하지 않았다. 시간이 흘러 6월 중순에 문자를 보냈다. 이사 갈 집은 구한 것인지, 언제 만나서 열쇠를 받으면 되는지 등의 내용이었다.

하지만 아직 준비가 덜 됐다며 한 달만 시간을 더 달라고 했다. 이번에도 딸 이야기를 하며 하소연을 한다. 아직 이사 갈 집도 안 알아봤다고 했다. 최대한의 편의를 봐줬는데 막상 시간이 되니 약속을 지키지 않아 몹시 언짢았다.

"한 달만 더 시간을 주시면 안 될까요?"

"지금 4개월 넘게 시간을 드렸는데 약속을 안 지키셨잖아요. 한 달 후에 또 안 나가신다는 말을 어떻게 믿죠?"

"정말 한 달 후에 나갈게요."

"아직 집도 안 알아보셨다면서요. 그런데 어떻게 그 말을 믿습니까?"

"정말로 8월 ○○까지 나갈게요. 다음 주에 세 얻을 거에요."

정말 8월에 나갈 것 같은 생각은 들었다. 그러나 다음 주에 이사 갈 주택을 계약한다는 그 말만 믿고 또 무작정 기다릴 수만은 없었다.

그래서 말로만 계약한다고 할 수도 있으므로 이사 갈 집을 계약하게 되면 계약서를 사진으로 찍어서 보내주면 믿고 기다려 준다고 말했다.

"이사 갈 집 계약하시면 사진 찍어서 제 핸드폰으로 보내주세요. 그럼, 믿고 한 달 더 기다려드리겠습니다."

며칠 후, 임대차계약서와 이사업체와의 계약서를 핸드폰으로 찍어서 보내 왔다.

이사날짜와 임대차계약서까지 작성해서 사진으로 보내왔으니 한 달을 더 기다려주기로 마음먹었다. 한 달의 시간이 흘러 이사날이 됐는데 막상 이사 나가는 날 일이 생겨 필자가 직접 아파트에 못 갔다. 어쩔 수 없이 전화로 마무리 지어야겠다는 생각이 들었다.

"시간 맞춰 방문을 못 하니 이사 잘 가시고, 관리비나 공과금 같은 거 마무리 잘 해주세요."

"예, 걱정하지 마세요. 깨끗이 정리하고 가겠습니다."

필자는 '깨끗이 정리하고'란 전 소유자의 말을 철석 같이 믿고 있었다. 이사 간 후 이틀 만에 방문하게 되었는데, 필자는 어이가 없고 화가 났다. 미납관리비와 공과금을 해결하지 않고 이사를 가버린 것이었다. 전 소유자의 사정을 고려해 약 6개월의 시간을 기다려주고, 편의를 최대한 봐줬는데 협의한 내용을 지키지 않았던 것이다.

화가 난 마음을 진정시키고 전화를 했다. 역시나 받지 않았다. 몇 번을 다시 걸어도 받지 않았다. 문자를 보내도 답장이 없었다.

정말이지 이럴 때면 너무도 화가 난다. 아무리 '사람이 화장실 들어갈 때와 나올 때가 다르다'라지만 내 배려의 대가란 생각이 들면 허탈하기 그지없었다. 잠시 사정이 있어서 연락이 안 되나 보다 생각하고 이틀 후에 다시 연락을 시도했으나 역시나 아무 반응도 없었다. 다음 날 마지막으로 전화와 문자로 연락을 취했으나 역시 묵묵부답이었다.

피하는 것이 확실해졌다. 그렇다면 마지막 수단을 써야 한다. 전 소유자에게 문자를 보냈다.

'최대한 배려를 해드렸더니, 돌아오는 건 배신이군요. 계약서에 적힌 주소지로 찾아가겠습니다. 그래도 못 만나면 따님들 학교로 방문하지요'(실제 방문하고 싶은 마음은 없었지만, 최고로 압박을 가할 방법이라 생각됐다).

역시나 10분 만에 문자가 왔다. 약간의 망설임과 생각 후에 답을 했으리라.

'죄송해요. 집에 일이 생겨서 연락을 못 드렸고요. 약속 지키지 못한 점 정말 죄송합니다. 내일 바로 해결하겠습니다.'

여기서 길게 말할 필요 없다. 간단히 답장했다.

'내일 바로 해결해주시기 바랍니다.'

다음 날 바로 미납관리비가 해결되었다. 이전에 사진으로 받아 놓은 이사 갈 집의 부동산 계약서 덕을 봤다. 만약에 이사 갈 집의 계약서를 받아 놓지 않았더라면 낭패를 당했을 것이다.

대부분 명도 협의 시 했던 약속대로 이행하지만, 제대로 이행되지 않는 경우도 허다하다. 이때, 마냥 손 놓고 있으면 명도에 어려움을 겪게 된다. 명도할 때 점유자를 배려하는 것도 좋지만, 항상 만약을 염두에 두고 안전장치를 마련해 두어야 한다. 배려하는 마음은 좋지만 실무는 깔끔하고 객관적으로 처리해야만 한다.

참고로 경매에는 부동산인도명령제도가 있다. 경매로 진행된 주택에 점유할 권한이 없는 사람이 있다면 법원에 인도명령을 신청하면 바로 인도명령이 인용되어 이를 근거로 강제집행까지 신청할 수 있다. 이 인도명령은 잔금 납부 후 6개월이 지나면 신청하지 못한다. 만약 이때까지 명도를 마무리 짓지 못하면 명도소송으로 진행해야 하는 어려움이 생긴다. 따라서 되도록 명도는 6개월 안으로 마무리 지어야 한다.

📖 결국엔 끈기가
성공의 비결이다

필자는 경매공부를 약 5년 가까이 했다. 책을 읽기만 한 것이 약 3년, 대전에서 서울로 경매 관련 강의를 들으며 공인중개사 공부까지, 약 2년여에 걸쳐 꽤 오랜 시간을 공부하는데 보냈다. 본격적으로 입찰에 참여하기 시작하여 첫 낙찰을 받는데, 약 5개월 정도 걸렸다. 결론적으로 공부를 시작한 시점부터 첫 낙찰까지 꽤 오랜 시간이 걸린 셈이다.

지금 와서 생각해 보면 공부를 너무 오래 했다. 공부는 단 기간에 집중해서 해야 한다. 기본적 권리분석과 배당금을 손수 계산할 정도면 충분하다. 나머지 세세한 이론은 직접 물건을 선정하는 과정에서 알아가도 된다. 무슨 일이든 완벽히 준비하고 출발하려 하면, 시작도 못하거나 출발하기까지 너무 많은 시간이 걸리기 마련이다. 그러는 사이 지치기도 한다.

그래서 경매로 성공하려면 끈기가 필요하다. 필자는 입찰을 시작하고 첫 낙찰까지 약 4~5개월 정도 걸렸지만, 1년 넘게 도전해서 단 한 건도 낙찰 받지 못하는 사람도 봤다. 여러 이유가 있겠지만 경매에 참여하는 사람이 많아진 점이 가장 큰 이유라고 생각된다. 초 저금리 시대로 마땅한 투자처를 찾지 못한 많은 사람들이 경매에 뛰어 들고 있는데, 이는 경쟁률 상승으로 이어지고, 낙찰가를 높이는 원인이 되고 있다.

매각 물건 중 평범한 권리의 아파트는 종종 중개업소에 나온 급매보다도 비싸게 낙찰되는 것을 본다. 참으로 안타까운 현실이다. 차라리 급매로 구입하지, 왜 명도의 부담을 안고 경매로 매입하는 것인지 모르겠다.

여러 번 패찰을 경험하게 되면 초조해지고 서서히 지쳐간다. 자신은 경매와 맞지 않는 것인지, 아니면 경매에 재능이 없는 것인지, 너무 소극적이라 남들보다 적은 금액으로 입찰하는 것인지 등 여러 생각들로 시간을 보내게 된다. 그런 시간을 거치고 나면 대부분의 사람은 경매가 자신과 맞지 않는다는 생각으로 경매를 접는다. 차라리 이렇게 경매를 접으면 다행이다. 후회할 일은 생기지 않기 때문이다.

이런 생각들로 심신이 지쳐갈 즈음, 간혹 사고를 치는 사람들이 있다. 입찰가를 생각보다 높게 써서 낭패를 보는 경우이다. 필자는 말했듯이 기일입찰표를 입찰하기 하루 전 집에서 미리 작성해서 법원에 간다. 경매법원에서 한 번이라도 입찰해 본 분들은 알 것이다. 법정 안을 꽉 메운 사람들을 보게 되면, 모두가 내가 입찰하려는 물건에 입찰할 것 같은 생각이 머릿속에서 떠나지 않는다. 입찰가격을 올려 쓰고 싶은 생각이 굴뚝같아진다. 집에서 입찰표를 작성해가는 필자도 종종 느끼는 감정이다. 이 때 사고가 터진다. 패찰을 여러 번 경험하다 보면 오늘도 패찰할 것 같은 생각에 입찰가를 높여서 다시 작성해 제출한다. 분명 처음 입찰가를 정했을 때는 명도와 매도까지 마친 시점의 수익을 생각했을 텐데, 입찰가를 올려 쓴 그 순간 수익은커녕 본전 찾기에도 급급하게 된다.

사업을 하든, 공부하든, 경매하든 끈기가 필요하다. 하루아침에 이루어지는 것은 아무것도 없다. 오랜 기간 패찰만 경험하면 의기소침하게 되고 지치기 마련이다. 이때는 성공한 사람의 책을 읽던지, 성공한 사람을 만나 대화를 나누던지, 의욕을 다시 불태울 수 있는 계기를 만들자. 필자는 종종 강의를 들으러 간다. 그러면 강연자의 힘찬 에너지를 느낄 수 있고 곧 의지를 다시 다지게 된다.

여러 번의 패찰을 경험하게 되면 낙찰 받을 수 있는 방법에 대해 고민하게 되고, 답을 찾는 과정에서 입찰가격과 수익에 관한 문제의 해결 방법에 서서히 눈을 뜨게 된다. 자신만의 방식이 생기는 것이다. 자신만의 방식이 생기면 낙찰은 이전보다 훨씬 수월해진다. 이전에는 10번 입찰해야 한 번 낙찰 받았는데, 이제는 두세 번 입찰에 낙찰되기도 하며 즐겨 입찰하게 되는 지역도 생기게 되는 것이다. 필자는 한 번 낙찰 받은 곳이 있으면 한 동안은 그 주변물건에 입찰해서 수익을 올린다. 현장조사를 하며 당시 그 지역의 사정에 밝아지니 낙찰이 더 수월해지는 까닭이다.

나무에 열매가 익기까지는 많은 시간이 필요하다. 꽃이 피고, 진 후에 열매를 맺고 익는 시간과 과정이 없이는 달콤한 열매를 결코 맛볼 수 없는 것이다. 지금 당신의 나무에 열매가 탐스럽게 익고 있는 중이다. 중간에 포기하거나 조급해하지 말자. 조금만 견디면 낙찰이라는 꿀 같은 열매를 맛볼 수 있으니.

PART
6

AUCTION

스마트한 경매 준비,
스마트폰 하나면
충분하다

1 똑똑한 비서,
스마트폰의 각종 앱들

필자가 경매를 처음 배우기 시작하던 때는 스마트폰이 없었고 최신 핸드폰이라고 해봤자 2G에서 3G폰 정도였다. 그래서 나침반, 지도, 녹음기, 수첩, 줄자 등 준비물을 많이 챙겨 다녔다. 너무 먼 곳으로 다녀야 하는 경우에는 열차나 고속버스, 시외버스를 타고 다녔는데 차 시간을 맞추기 위해 터미널에 도착하면 귀가하는 시간을 버스 출발시간에 맞추기 위해 시간표부터 사진으로 찍었다. 부동산 시세를 조사하러 다닐 때, 집에 거주하는 사람과 대화할 때, 명도할 때 등 소형 녹음기는 필수였다.

그러나 지금은 스마트폰 하나로 이 모든 것이 가능하다. 열차나 버스 출발시간부터 나침반, 지도, 녹음기, 카메라, 각종 부동산 정보, 심지어는 공매(온비드) 입찰까지 말이다. 현장조사부터 입찰보증금 납부까지 스마트폰 하나면 해결되니 이 얼마나 편리한가.

하루가 멀다 하고 많은 앱들이 계속 개발되어 나오고 있다. 경매에 요긴하게 쓰이는 앱도 상당히 많다. 좌측에는 필자가 주로 사용하는 앱만을 한 화면에 모았다. 이 앱말고도 여러 종류의 앱들이 있으니 각자 취향에 맞게 손에 편한 앱을 설치하여 사용하면 된다.

위의 화면에는 없지만, 필자는 교통관련 앱도 많이 사용한다. 지방의 매각물건을 찾아갈 때면 운전보다는 대중교통을 이용하는 편이기 때문이다. 운전하게 되면 운전에만 집중해야 하므로 매각물건으로 가는 길목을 자세히 살펴보기 힘들며, 대중교통을 이용하면 해당 물건지의 접근성이 얼마나 좋은지 파악하기도 쉽다.

주로 사용하는 앱으로는 코레일, 고속버스모바일, 시외버스, 지하철 앱 등을 사용하며 일반 버스는 네이버나 다음의 지도 앱 등을 이용하면 편하다. 몇몇 앱은 직접 몇 번만 방문하면 사용법을 알기 쉬우니 간단하게 설명으로 대신하려 한다.

네이버 부동산 앱 매물과 분양정보 뉴스 등이 있는데, 분양 정보는 지역별, 일정별, 역세권별로 검색이 가능하며 상세 정보를 보면 분양가격에서 취득세, 평면도까지 자세하게 나와 있다. 매물 말고도 유용한 정보가 많으니 잘 활용하기 바란다.

 KB 부동산 이 앱은 매물, 시세, 분양정보, 뉴스 등 여러 정보를 제공하는데, 매물은 아파트, 오피스텔, 일반주택, 상업용 건물, 토지만 검색이 가능하며, 시세는 아파트와 오피스텔만이 검색 대상이다. 시세나 매물을 검색했을 때, 각 부동산의 자세한 정보가 나오는데 여기서 중요한 것은 상세 설명 중 '금융상담'을 클릭하면 각 면적별로 최대 대출가능 금액이 표시된다. 보통 일반평균가의 60%를 적용한 금액인데, 이 금액이 다른 은행들의 대출기준이 된다는 사실이다.

 인터넷등기소 부동산, 법인 등기부등본 열람이 가능하며 등기소 검색기능이 있다. 발급은 불가능하며, 빠르게 등기부등본 기재사항을 보고 싶을 때 사용한다. 참고로 이 앱은 캡처 방지기능이 있어서 보고 있는 화면을 캡처할 수 없다.

 국토교통부 실거래가 아파트나, 단독주택, 분양/입주권, 토지 등 모든 부동산을 금액별, 지역별로 검색이 가능하다.

이외의 특별한 기능은 없다. 가장 단순한 앱 중 하나이다. 빠르게 해당주소지의 물건을 검색할 때 가끔 사용하지만, 실거래가 검색기능은 '한국감정원' 앱으로도 가능하다.

 민원24 건축물대장 등초본, 토지(임야대장)의 열람이 가능하다. 주민센터에 방문하면 유료지만, 이 앱에서 신청하면 무료이다. 단, 발급은 불가능하고 열람만 가능하다. 전입신고도 가능하며 주민등록증 분실신고도 가능하다. 공인인증서로 로그인해야 한다. 주민등록등·초본을 발급신청하면 우편으로 수령가능하다. 중요한 기능 중 하나는 인감증명발급 사실 확인도 가능하며, 주민등록증 진위확인이 가능하다. 이는 각종 계약서를 작성할 때 주민등록증의 위조여부를 확인할 수 있으니 매우 유용한 기능이다. 이 앱도 캡처 방지 기능이 있다.

 대한민국법원 소송중인 사건의 진행 상황을 볼 수 있다. 자주 쓰이는 앱은 아니지만, 등기부등본에 사건번호가 등재되어 있을 때 확인해 보면 어느 정도 진행 중인지 알 수 있다. 사건검색을 위해서는 소송 진행법원, 사건번호, 사건당사자 이름(원고, 피고 중 아무나 상관없음)을 알아야 검색할 수 있다.

부동산 생활백서 각종 부동산 생활 상식이 업데이트된다. 등록 순, 회차 순, 추천 순, 조회 순으로 조회가 가능하다. 등록된 내용이 비교적 알차다. 그러나 주의할 점은 등록된 시점이 나타나 있지 않다는 것이다. 등록된 시점이 오래된 내용은 현재 상황과 맞지 않는 내용이 종종 있다. 세금도, 정책도 변하기 때문이다. 그러니, 되도록 최신 등록된 내용 위주로 보고, 자세하고 확실한 내용을 알고 싶으면 따로 확인해 보자.

 스피드옥션 유료 경매사이트 앱이다. 가장 많이 사용되는 회사가 굿옥션, 지지옥션, 스피드옥션 등이 있는데, 필자는 스피드옥션을 사용한다. 경매를 제대로 하려면 유료 경매사이트에 가입을 하는 것이 유리하다.

각종 서류와 정보, 사진, 권리분석 등을 보기 쉽게 만들어졌으며, 각 업체는 유료로 지불하고 꼭 확인해야 하는 등기부등본을 해당 물건 조사시점으로 등록을 해 놓는다. 언제나 무료로 열람할 수 있다. 이렇듯 대법원에서 공고하는 정보만으로는 부족하니 경매를 제대로 시작하려면 유료 경매사이트를 이용하는 것이 여러모로 편리하다.

 스마트 온비드 한국자산관리공사(캠코)에서 운영하는 앱으로 공매에 관한 정보를 확인가능하고, 입찰도 가능하다.

공매를 하고자하는 분들에게는 필수 앱이다.

 음성녹음 필자는 예전에는 소형 녹음기를 갖고 다녔다. 그
러나 지금은 스마트폰만 있으면 녹음이 가능해졌다. 음질
도 상당히 뛰어나다. 사람들과 많은 내용의 대화를 하게 되면, 시간이
얼마 지나지 않았는데도 나누었던 얘기를 종종 잊어버리곤 한다.

그래서 필자는 시세조사를 위해 중개업소를 방문할 때, 현장조사
시 점유자화 이야기를 나눌 때, 또 점유자와 명도 협상 시 중요한 부
분을 잊지 않기 위하여 대화 내용을 녹음한다. 그러면 흘려들었던 내
용이나 빠뜨린 내용을 확인하기에 좋으며 나중에 증거로도 사용할 수
있다. 경매물건 때문에 사람들과 대화를 나눌 때는 필히 녹음하도록
하자. 참고로 다른 사람들의 내용을 제 3자의 입장에서 몰래 녹음하는
것은 안 되지만 당사자 서로 간의 대화내용이나, 전화로 서로 통화하
는 내용을 녹음하는 것은 불법이 아니다.

2

맞춤형 부동산을 찾아주는
한국감정원 앱

 한국감정원 앱은 상당히 유용한 기능이 많다. 시세조사부터 실거래가, 공시가격, 아파트매물도 찾을 수 있지만, 다른 앱에 비해서 특별히 좋은 것은 자신이 갖고 있는 자산과, 연소득, 월 주거비로 지출가능 금액, 원하는 지역을 입력하면 그 자료에 맞춰 해당 부동산을 찾아주는 기능이다.

또한 다른 앱보다 좋은 것은 '우리아파트 관리비'의 기능이다. 아파트의 관리비는 주택의 매매에 적지 않은 영향을 준다. 해당 아파트의 관리비도 검색되지만, 주변 아파트와 비교도 가능하니 너무나도 유용한 기능이라 할 수 있다.

메인화면이다. 이 앱은 시세, My Home Planner, 실거래가, 우리 아파트 관리비, 부동산 개발정보 정도만 설명하겠다. '아파트 매물'은 검색하면 네이버로 자동 연동되므로, 네이버 부동산 앱에서 검색하는 편이 조금 빠르다. 나머지 기능은 직접 사용하면서 필요한 기능을 익히기 바란다.

1) 시세

'시세'를 클릭해서 들어간 화면이다. 주소를 다 적을 필요 없이 동만 입력하고 '빠른 검색'을 누르면 '검색' 밑에 전국의 주소 중 해당 동이 있는 주소지는 모두 뜬다. 원하는 주소지를 누르면 해당 동에 있는 아파트가 검색되고 그 아파트를 누르면 상세 설명으로 넘어간다.

해당 아파트의 위치를 나타내는 지도, 단지정보, 아파트 사진, 관리비 정보, 면적별 시세동향, 자세한 매매와 전셋값이 한 화면에 모두 뜬다. '주변정보 보기, 로드 뷰, 더보기' 등 버튼을 클릭하면 더 자세한 정보를 볼 수 있다. 여기서 제공하는 '매매 실거래 가격'은 국토교통부의 실거래가와 같다. 그러니, 이 앱에서 실거래가를 확인했다면 굳이 '국토교통부의 실거래가'를 확인할 필요는 없다. 시세가 날짜순으로 정렬이 되어 있어 오히려 이 앱의 시세 화면이 더 보기에 편하다.

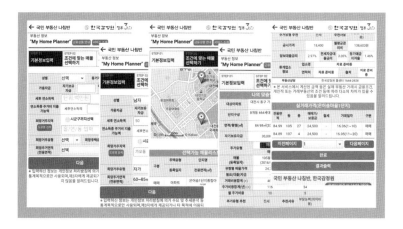

2) My Home Planner

'My Home Planner'를 클릭해서 들어간 화면이다. 자신의 보유자금 및 대출 가능 금액, 연소득, 희망 주거지역 등을 기본정보를 입력하면 조건에 맞는 매물을 찾아 준다.

STEP 1에서 기본 조건을 입력하면, STEP 2에서 조건에 맞는 모든 매물이 검색된다. 원하는 매물을 클릭하면 STEP 3으로 넘어간다. 여기서는 설계결과를 보여주는데, 해당 부동산의 각종 정보를 함께 보여준다. 아파트라면 단지구성, 월평균 관리비, 매매와 전세 가격, 더불어서 가능 담보금리와 전세자금대출금리도 보여준다. 마지막으로 실거래가까지 한 화면에 전부 노출된다.

STEP 3의 결과화면 맨 밑으로 내려가면 '결과출력'이라는 버튼이 있는데, 클릭하면 결과 내용을 한 이미지로 스마트폰에 저장된다 (스마트폰의 일반 캡처 기능을 쓰면 최소 두 이미지로 나눠 저장해야 하지만 이 버튼을 누르면 한 이미지로 저장이 가능하다).

3) 실거래가

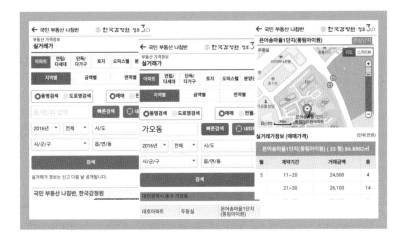

검색과정은 시세를 검색할 때와 비슷하다. 검색하고자 하는 부동산의 주소지 중 행정동만 입력하고 '빠른 검색'을 누르면 바로 해당 주소지가 모두 검색된다.

원하는 주소지를 클릭하면 해당 동의 아파트가 모두 검색되고 원하는 아파트를 클릭하면 실거래가를 보여준다. 여기에서 보여주는 실거래가는 국토교통부의 실거래가와 동일하다. 앞서 말했듯이 한국감정원 앱이 조금 더 보기 편리하다.

4) 우리아파트관리비

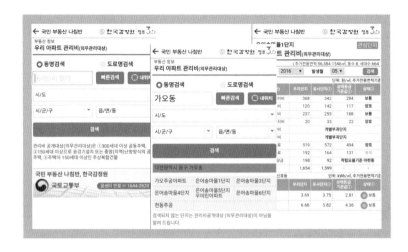

'우리아파트관리비'야말로 한국감정원 앱의 장점이다. 검색하는 법
은 역시 행정동만 치고 빠른 검색으로 시작하면 된다. 단지의 평균 관
리비와 내용을 자세하게 보여준다. 또한 유사단지와 해당 아파트의 관
리상태를 비교해서 보여준다.

검색화면의 '유사단지'는 유형, 노후도, 세대수, 난방방식 등 유사한
조건을 가진 단지를 비교 대상으로 한다. '상태등급 기준값'은 유사단
지 중에서 관리비가 낮은 상위 50% 단지의 평균관리비를 보여준다.
마지막으로 '상태'는 유사단지 평균과 상태등급 기준 차이로 해당 부
동산의 관리비의 상태도 알려준다.

5) 아파트분양정보

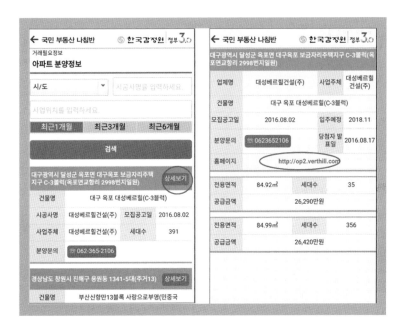

　'아파트 분양정보'를 누르고 들어가면 화면 상단에는 분양지역과 시
공사, 사업위치로 검색할 수 있는 검색창이 있다. 그리고 하단에는 최
근에 모집공고를 한 순으로 분양정보 화면이 뜨는데, 가장 최근에 모
집공고가 올라온 시공사의 회사명과 모집공고일, 분양세대수와 함께
분양문의가 가능한 연락처도 표시된다. 상세보기를 클릭하면 진행일
정과 분양하는 전용면적별 세대수, 공급금액 등이 자세하게 나온다. 분
양사 홈페이지 주소도 표시되는데, 주소를 클릭하면 바로 분양사 홈페
지로 이동하므로 더 자세한 내용을 알고 싶을 때 유용하게 쓰인다.

척척 알아서 계산해주는
부동산 계산기 앱

 부동산 관련 계산기능의 앱이 여러 종류가 있는데, 필자는 이 앱을 주로 사용한다. 중개보수료, 취득세, 양도소득세, 실거래가, 투자수익률, 이삿날 등이 이용가능하다.

실거래가는 다른 앱에서도 검색이 가능하고 증여세, DTI는 거의 쓸 일이 없으므로 생략하겠다. 이삿날은 음력으로 끝자리가 9와 0으로 끝나는 9, 10, 19, 20, 29, 30일이므로 이를 참고하면 된다. 취득세 및 양도소득세의 세율은 2016년 7월 현재 시점에 맞게 계산되고 있다. 그러나 세율은 자주 변하는 편이니 언제 업데이트가 됐는지 가끔 확인해 볼 필요가 있다.

1) 중개보수료

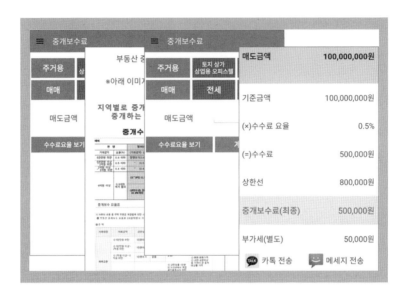

중개보수료를 클릭해서 들어가면 '주거용, 토지, 오피스텔' 등의 해당 물건을 클릭하고 매도금액을 입력하고, 계산하기를 클릭하면 중개보수료(최종) 화면이 뜬다. 중개보수료 첫 화면에서 보면 '수수료 요율 보기'가 있다.

클릭해서 뜨는 화면을 보면 '지역별로 중개수수료가 다르다. 중개하는 지역 확인 바람.'이라고 표시된다. 이 앱은 서울시를 기준으로 계산하므로 각 지역별로 다를 수도 있다는 사실을 알아야 한다. 중요한 것은 중개업소에서 계약서를 작성하면 '중개대상물 확인, 설명서'를 교부해 준다. 여기에 수수료율이 적혀있으므로 이를 참고하면 된다. 중개업소에서는 법정 한도액 이상 받으면 영업정지를 받을 수 있으므로 정확하고 정직하게 기재한다.

2) 취득세

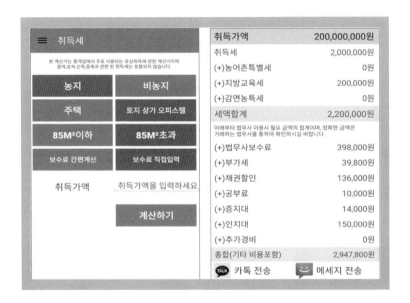

농지, 비농지, 주택 등에 따라 클릭하고 취득가액을 입력하면 된다. 보수료 간편계산과 보수료 직접입력이 있는데, 직접입력을 선택하면 법무사보수료, 부가세, 채권할인액, 증지대, 인지대 등 직접 입력해야 한다. 그런데 사실 이런 금액은 일반인이 알기는 어렵다. 나중에 법무사에 의뢰할 때, 전부 영수증에 기록해서 주니 간편 계산으로 나오는 취득세를 기본으로 여기고, 총합에서 취득세를 뺀 정도의 기타비용이 발생한다고 생각하면 된다.

3) 양도소득세

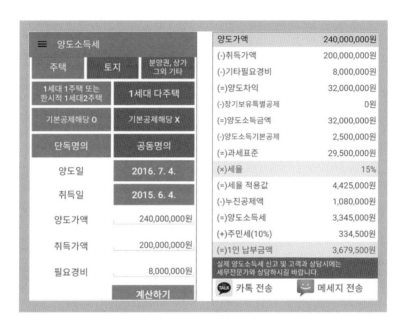

양도소득세 계산화면이다. 양도소득세는 계산이 생각보다 어렵다. 기본적으로 몇 가지 사항을 알고 있어야 정확한 입력이 가능하다.

① 1세대 다주택과 1주택, 또는 한시적 1세대 2주택 : 정부에서는 집을 여러 채 갖고 있는 사람과 1채만 보유한 사람의 세율을 다르게 적용하고 있다. 그런데 한시적 1세대 2주택이란 피치 못할 사정으로

잠깐 동안 2채를 소유하는 경우에 적용한다. 결혼으로 1채를 매도할 때, 새 주택을 장만하고 거주하던 주택을 매도하려 할 때, 부모와 자식이 한 주택으로 같이 살기 위하여 한 채를 매도할 때 등 이외에도 몇 가지 경우가 있다. 이때 각 상황별 기간과 매도하는 집 등을 구분하여 적용하니 이 부분은 중개업소나 법무사에게 문의하여야 실수하는 일이 없다. 잘못 매도하면 생각지도 않은 양도소득세를 많이 납부할 수도 있다.

② 기본공제 : 한 사람당 1년에 한 번에 한하여 250만 원을 기본적으로 공제해준다. 만약 2016년에 한 채를 매도하고, 2017년에 한 채를 매도한다면 두 번 모두 250만 원을 기본공제로 혜택을 받을 수 있다. 그러나 2016년에 두 채를 모두 매도한다면 한 채 밖에 공제되지 않는다. 이때 공제가능 주택은 매도인(납세자)이 두 채 중에서 선택하여 공제받으면 된다.

③ 단독명의, 공동명의 : 주택을 소유한 형태인데, 보통 단독명의 보다 공동명의의 주택이 세금납부에서는 더 유리하다. 예로, 아파트의 매매차익이 4,000만 원일 때 다른 비용은 제외하고 생각해보면, 단독소유일 때는 기본공제 250만 원을 공제하면 3,750만 원의 금액으로 계산한다. 그러나 부부가 공동으로 소유했다면 계산은 각각 하

므로 2,000만 원에서 250만 원을 공제한 1,750만 원에 대한 금액을 기준으로 각각 양도소득세를 계산한다.

이는 매우 중요한 사항이다. 양도소득세는 양도차익의 크기에 따라 세율이 달라지며, 부부가 같이 공제받은 금액을 합치면 500만 원이 되므로 양도소득세액이 많이 절약된다.

4) 투자수익률

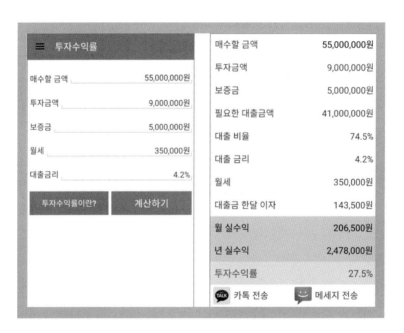

투자수익률은 부동산의 연 순이익을 투자금액으로 나누어서 구한다. 계산할 때 조금이라도 더 정확한 투자수익률을 구하려면 각 입력

란에 기입할 때 여러 사항을 고려하여 입력해야 한다. 대출금을 입력하는 난이 없어서 정확한 수익률은 아니지만, 실제 수익률과 큰 차이가 없다고 보면 된다.

① 매수할 금액 : 부동산의 매입가격과 경비(취득세, 법무비용 등)를 포함한 금액을 입력한다.

② 투자금액 : 실질적인 투자금액을 입력한다. 예로 위에 900만 원을 입력한 것은 실제 1,400만 원이 투입되었으나 보증금으로 500만 원을 회수 가능하니 900만 원으로 입력한 것이다.

4 거리 계산은
스마트 매져 앱이면 충분하다

 거리측정기로 검색하면 스마트 매져(Smart Measure) 앱을 다운로드할 수 있다. 측정하는 어플은 많이 있는데, 이 앱은 무료이면서 광고도 뜨지 않아 편리하다. 정확한 거리측정은 다소 무리가 있기는 하지만, 비교적 실제거리와 측정값이 비슷하다.

이 앱이 다른 거리측정기에 비교해 더 유용한 이유는 나침반 기능까지 있어서 방향과 거리를 함께 측정할 수 있다는 점이다. 나침반이 따로 필요 없는 것이다. 한 가지 아쉬운 점은 약 40m가 넘는 거리는 측정이 잘 안 된다는 것이다.

1) 앱을 이용하기 전 알아두기

다음의 STEP1, 2, 3는 앱을 실행하면 처음 뜨는 화면이다.

거리 측정하는 방법을 설명한 것이니 내용을 살펴보자.

거리를 측정하는 원리가 지면으로부터 스마트폰의 높이와 목적지까지의 각도를 이용한다. 그러므로 '팁'에서 설명한 것처럼 스마트폰의 높이 설정이 중요하다. 스마트폰의 높이는 조절이 가능하다.

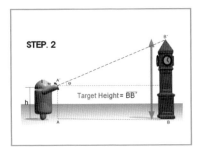

사물의 높이를 측정하는 방법이다. 사물의 하단을 맞춘 후 다음 클릭하고, 상단을 맞춘 후 클릭하면 된다.

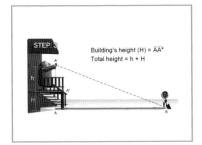

소문자 h는 스마트폰의 높이이며, 대문자 H는 건물의 높이이다. 그러므로 지면에 서있지 않다면 그만큼 높이를 보정해야 한다.

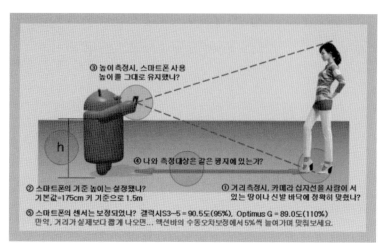

〈 거리측정의 오차를 줄이기 위한 체크사항 〉

2) 메인화면

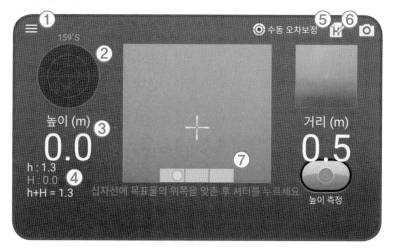

① 메뉴 바로 메일 보내기, 설정, 유튜브 등이 표시되는데, 유튜브로 들어가면 사용하는 방법을 찍은 영상으로 자동 연결된다.

② 나침반으로 거리를 재는 방향을 나타낸다. 만약 거리를 측정했는데, 나침반에 90°E, 거리는 5.5m라고 뜬다면 해당 목적지는 나의 위치로부터 목적지까지는 정동 쪽 방향으로 5.5m거리라는 뜻이다. (참고 : 90°E-정동 쪽 방향, 270°W-정서 쪽 방향 180°S-정남 쪽 방향, 0°N-정북 쪽 방향)

③ 목적물의 높이를 나타낸다.

④ 스마트폰의 높이(h)와 지면과의 높이(H)의 설정값을 나타낸다. 높이를 수정하고 싶으면, 이 부분을 누르면 된다.

⑤ 측정값의 오차를 수동으로 조정할 때 쓰인다.

⑥ ④의 화면에 노출되는 높이를 수정할 때 쓰인다.

⑦ 오차를 줄이기 위해 수평을 맞추는 수평계이다. 3개의 칸으로 구분되어 있는데, 핸드폰을 움직여서 동그라미가 가운데 칸에 들어가게 하고 측정하면 된다.

3) 거리와 높이 측정하기

〈1.거리측정 화면〉

정확한 거리와 높이를 측정하기 위해선 먼저, 측정자가 서 있는 곳의 높이와 측정대상의 바닥 높이를 비교하여 현재 설정된 스마트폰의 높이(화면 좌측하단에 표시)가 적당한지 확인해야 한다. 만약 스마트폰에 설정된 높이와 차이가 난다면 앞에서 설명했던 방법으로 스마트폰의 높이를 다시 설정해야 한다. 그런 다음 거리와 높이를 측정하면 보다 정확한 수치를 얻을 수 있다.

① 먼저 수평을 맞춘다.

② 원하는 곳까지의 지면에 십자 모양을 맞춘다.

③ 셔터를 누르면 자신과 목적지까지의 거리(12.4)를 알 수 있다.

④ 목적지는 자신으로부터 거의 정남향(172°S)에 있음을 알 수 있다.

⑤ 〈1.거리측정〉에서 좌측의 나무그림 버튼을 누르면 거리는 고정된다. 그 상태에서 건물의 최상단에 십자 모양을 맞추면 나무그림자리에 높이가 측정된다.

따라서 측정한 다세대주택은 필자로부터 정남 쪽으로 약 12.4m 거리에 있으며 높이는 약 8.6m의 건물이다.

〈2.높이측정 화면〉

양대 지도 서비스
네이버 · 카카오맵의 장 · 단점

네이버와 카카오맵의 지도 서비스는 우리나라 최고의 포털 사이트답게 많은 기능의 서비스를 제공한다.

필자가 가장 많이 사용하는 앱으로 지도, 길 찾기, 내비게이션, 항공뷰, 로드뷰 등 정말 유용한 정보들이 많다. 특히 길찾기 서비스는 정말 많은 정보를 제공한다. 출발지부터 목적지의 거리, 교통수단에 따른 소요시간과 이용 가능한 교통의 도착시간까지 검색할 수 있다. 정말로 놀라운 기능이 많다.

또 대중교통을 선택하면 이용가능한 버스나 지하철의 정류장 도착시간까지 표시되니 감탄이 절로 나올 뿐이다. 딱히 어느 앱이 더 좋다고 단정 짓기는 힘들다. 두 회사 모두 업데이트도 자주 하는 편이고, 서로 장 · 단점이 있으며, 두 앱의 기능이 너무 많아 모두 설명하기는 어려우니 이 책에서는 지도 검색 기능만 다루겠다. 나머지는 기능은 천천히 하나씩 익혀나가자.

1) 네이버와 카카오맵의 검색 비교

위의 이미지는 이 책의 앞부분에 소개한 실전 사례의 토지를 검색한 것이다. 좌측이 네이버의 화면이고, 우측이 다음의 화면이다. 네이버는 해당 번지를 검색하면 해당 토지에 표시만 된다. 그러나 다음의 검색 화면에서는 토지의 모양과 범위를 붉은 선으로 표시해서 나타낸다. 이는 토지의 모양과 정확한 위치를 아는 데 유용하게 쓰인다.

2) 네이버와 카카오맵의 지적 서비스

〈네이버 지적 서비스 화면〉

위의 화면은 네이버에서 지적을 선택한 화면이다. 네이버 지도 어플을 들어가면 오른쪽 상단의 3개 버튼 중 사각형 2개가 겹쳐보이는 맨 밑의 버튼을 누르면 각종 환경을 설정할 수 있다.

환경설정창에서 '위성'의 지적편집도를 선택하면 위의 오른쪽 화면처럼 토지의 모양과 각 지번이 나타난다. 해당 번지의 위치와 모양을 주변 다른 토지와 비교해서 파악하니, 원하는 토지를 찾는 것이 더 수월해진다. 예전에는 유료사이트나 두 개 이상의 프로그램을 사용하여 구현하던 그림이었는데 네이버에서 지적 기능을 사용하고 있는 것이다. 다만, 한 가지 아쉬운 점은 지적을 선택했을 때 항공뷰의 사진이 흐려진다는 점이다. 두 앱 모두 지도를 확대하면 신 도로명 주소는 표현된다. 그러나 지적도를 보는 기능은 네이버에만 있다.

〈카카오맵 지적 서비스 화면〉

지도 그림의 오른쪽 하단 동그란 버튼 두 개중 사각형이 겹쳐 보이는 버튼을 누르면 각종 환경 설정창이 나타나고 지적도를 선택하면 지적 서비스 화면이 뜬다. 두 앱의 지적도 서비스는 해당 번지 위치와 모양을 주변 다른 토지와 비교해서 파악하니, 원하는 토지를 찾는 것이 더 수월해진다. 예전에는 유료사이트나 두 개 이상의 프로그램을 사용하여 구현하던 그림이었는데 언제든 무료로 사용 가능하다.

부동산 시장의 흐름과 상관없이
돈 버는 법은 따로 있다

"집값이 오를까요, 내릴까요?"

"앞으로 부동산 경기가 어떨 것 같습니까?"

종종 주변에서 내게 이렇게 묻는다. 이런 질문을 받으면 필자는 늘 이렇게 대답한다.

"부동산 경기와 상관없이 가격이 오를 부동산을 매입하면 됩니다."

IMF 사태 이후로 20여 년의 기간 동안 불경기가 아니었던 적이 없다. 항상 불경기이며 항상 경제는 어려웠다. 부동산 전문가라는 사람들이 언론에서 부동산 가격이 '오른다'와 '내린다'로 토론하는 것도 보았다. 소위 전문가라는 사람들도 이렇게 의견이 분분한데 일반 투자자들은 얼마나 헷갈릴까?

필자는 '중요한 것은 누군가는 항상 돈을 벌고 있고, 어느 부동산은 계속 상승하고 있다.'라고 한 가지만 말하고 싶다.

건설이 붐이었던 우리 부모님 세대의 부동산은 불패의 상징이었다. 어느 부동산이고 사 놓기만 하면 올랐다. 그래서 전세도 성행했던 것이다. 그러나 지금은 시대가 변했다. 예전처럼 무턱대고 사놓으면 오랜 시간동안 고생할 수 있다.

가격이 상승하기는커녕, 보합을 유지하거나 심지어는 소폭 하락하는 곳도 있기 때문이다. 상황이 이러하니 부동산 투자도 이제는 물건을 고르는데 신중히 해야 한다.

시세가 오를 곳을 찾던지, 매입 시점에서 최소한 시세보다 저렴하게 매입해야만 원하는 이익을 얻는 것이다. 중요한 것은 부동산을 보는 안목이다. 전체적인 부동산시장의 시류도 알아야 하지만 투자하려는 부동산 자체의 수익성을 분석할 수 있는 안목이 있어야만 한다. 지금은 같은 동네라도 시세가 꾸준히 오르는 주택이 있는 반면 몇 년째 제자리인 곳도 있다.

필자가 말했듯이 주택은 일단 주변 시세보다 저렴하게만 매입하면 누군가에게는 이익을 내고 매도할 수 있다. 가격 상승이 기대되는 곳을 시세보다 저렴하게 매입하는 것이 최선의 부동산 투자이다.

우리나라 부동산 시장의 흐름은 파악하고 있되, 전체적인 상승과 하락에는 크게 의미를 두지 말자. 필자는 시세보다 저렴한 부동산을 경매로 매입하는 것이야말로 최상의 부동산 투자라 감히 말할 수 있다.

경매투자로 행복한 부자가 되어있을 자신을 상상해보자. 독자분들의 건승을 기원한다.

대한민국 대표 법원경매정보스피드옥션
www.speedauction.co.kr

스피드옥션 무료이용쿠폰 이용방법

01 주소창에 www.speedauction.co.kr 또는 네이버에서 스피드옥션을 검색하여 들어오세요!

02 스피드옥션 메인페이지 우측상단이나 좌측 로그인박스내에 회원가입을 클릭하신후
회원가입을 완료하시고 로그인을 해주세요!

03 스피드옥션 로그인 후 맨 오른쪽 상단 요금결제 클릭 > 쿠폰/머니/알 충전 클릭 >
도서내에 함께제공하는 쿠폰번호를 입력해 주세요!

쿠폰 이용시 유의사항

– 본 쿠폰의 이용기간은 최초 쿠폰가입일로부터 31일입니다.
– 본 쿠폰의 유효기간은 2016년 5월 31일까지 유효합니다.
– 경매검색및 기타 서비스 중 일부 유료 서비스는 제외됩니다.
www.speedauction.co.kr

회원가입 및 문의전화
02-2026-7101

스피드옥션 제휴 부동산경매관련 카페 / 교육원 모집

**O 스피드옥션 스마트하게 이용하기!
모바일 스피드옥션 오픈!!**

제휴 부동산 경매 교육원 모집
 : 교육생 무료이용 및 결제시 할인혜택 제공
 : 교육용 무료이용 ID 제공(최대 2개까지 제공)
 : 교육생 모집시 스피드옥션 홈페이지에 모집광고 제공

➊ 문의전화
02-2026-7104
담당자 : 송재근 이사

– 고객님의 스마트폰에서 웹브라우저를 킵니다.
– 주소창에 m.speedauction.co.kr 입력하시거나
– 네이버에서 스피드옥션 검색후 모바일 페이지를 선택
– 모바일에 최적화된 스피드옥션을 기분좋게 이용!!
  (모바일 스피드옥션은 인터넷 웹사이트에서 결제하신 후
  사용하실 수 있습니다.)

경매 1년에 단 한 건만 성공해도 월세보다 낫다

1판 1쇄 펴낸날 2016년 10월 18일
1판 3쇄 펴낸날 2017년 10월 18일

지은이 이명재
펴낸이 나성원
펴낸곳 나비의 활주로

기획편집 유지은
디자인 All design group

주소 서울시 강북구 삼양로85길 36
전화 070-7643-7272
팩스 02-6499-0595
전자우편 butterflyrun@naver.com
출판등록 제2010-000138호

ISBN 978-89-97234-84-4 03320

※ 잘못된 책은 바꿔 드립니다.
※ 책값은 뒤표지에 있습니다.